"十三五"国家重点图书出版规划项目

Translation Series on the International
Law of the Sea

世界海洋法译丛

海上边界国家实践发展现状 I

张海文　张桂红　黄　影

·主编·

青岛出版社

声　明

本书中有关海洋法发展的国家行动不意味着联合国对上述行动效力的承认。

前 言
PREFACE

从 1609 年荷兰法学家格劳秀斯发表著名的《海洋自由论》到 1994 年 11 月 16 日《联合国海洋法公约》（以下简称《公约》）生效，海洋法经历了一个漫长而坎坷的发展过程。如今，海洋法已发展成为国际法中内容最新、最完备的一个分支。截至 2017 年 11 月，《公约》已成为一个拥有 168 个缔约方的国际条约。根据《公约》，沿海国家可以拥有自己的领海、毗连区、专属经济区、大陆架；群岛国还可拥有群岛水域。国家在不同的海域中行使不同的主权、主权权利和管辖权。

联合国秘书处海洋事务与海洋法司已将各国政府根据《公约》的有关规定向联合国秘书处交存的文件予以公布，这些文件主要有：(1) 沿海国家的有关海图或地理坐标表，注明直线基线、群岛基线；领海、专属经济区和大陆架外部界限的大地基准点。(2) 沿海国公布的所有有关无害通过的法律和规章；海峡沿岸国公布的在用于国际航行的海峡中有关过境通行的法律和规章；沿海国在其领海的特定区域内暂时停止外国船舶的无害通过的情况。(3) 沿海国家的立法实践。

考虑到我们在海洋法研究、实践以及立法工作上的需要，我们决定将世界各国海洋立法、海洋边界实践以及国际海洋争端解决的经典案例译成汉语，并列为国家海洋局海洋发展战略研究所关于海洋权益与法律问题的系列研究项目之一，逐步编译成册出版，丛书名定为《世界海洋法译丛》。我们的决定得到了联合国秘书处海洋事务与海洋法司的赞同和支持。

本丛书的内容包括世界沿海国家的海洋立法汇编8卷（非洲卷1卷、欧洲卷3卷、美洲卷2卷、亚洲卷1卷、大洋洲卷1卷）、海上边界协定1卷、海洋法争端解决国际案例汇编1卷和海上边界国家实践发展现状4卷，共计14卷。

　　《公约》生效后，《公约》中包含的原则和规则开始对各国的海洋实践产生重大影响，在各国海洋立法中尤为明显。国内立法是国际法研究的一个重要方面，不仅是一国履行国际义务的实践，还可以为国际习惯法的形成和发展提供证据。本丛书中的沿海国海洋立法系列将沿海国立法分为5个部分，分别是非洲国家、亚洲国家、大洋洲国家、欧洲国家和美洲国家。在每部分中将国家按英文字母先后顺序排列。此系列的翻译原文均为联合国网站公布的各国提交的该国立法英文文本。需说明的是，其中有些立法是从其他语种的官方文本译为英文的。我们在翻译过程中尽量做到忠实原文，对有明显错误的地方作了注释。译文尽量保持原立法的完整性，仅对个别立法中与海洋法无关的内容作了省略，并作出标明。

　　海洋划界是现代海洋法的重要部分。《公约》对国家主权和管辖海域的规定（增加领海宽度、设立专属经济区这一新制度，重新界定大陆架等）使得各沿海国之间出现了大量的重叠主张。各沿海国家相互之间签署了大量的边界协议，但仍有200多项海洋划界问题亟待解决。海洋划界的发展经历了3个阶段：第一个阶段自18世纪至二战爆发前，见证了沿海国普遍接受将陆地领土主权延伸至领海的历程，形成了一些划界的基本原则。第二个阶段始于第一项领海范围以外海洋划界协定（1942年《帕里亚湾条约》）的出台，进而杜鲁门1945年发布《大陆架公告》，直至1958年《大陆架公约》和1969年《北海大陆架案》，见证了海洋划界向外拓展并涵盖大陆架的过程。第三个阶段自专属经济区概念和大陆架新定义首次引入第三次《联合国海洋法公约》会议谈判案文并最终写进《公约》开始，海洋划界有了新的内涵。本丛书中的海上边界协定部分收录了1942—1991年相关国家之间签订的海洋划界协定。为方便查询，协定按地区分类汇总，如大西洋区域（北大西洋和南大西洋）、加勒比区域、地中海区域、印度洋区域和太平洋区域（东太平洋和西太平洋），每个区域依照国别和划界区域列出协议。

本丛书中的海洋法争端解决案例系列收录了自 19 世纪末至 20 世纪初的 33 个海洋法典型案例，内容编排为 7 章，涵盖了海洋法主要的案例类型：第一章为基线、海湾和领海类案例；第二章为国际航行海峡类案例；第三章为海洋划界类案例；第四章为渔业和海洋生物资源类案例；第五章为公海刑事管辖权和船旗国管辖权类案例；第六章为航行类案例；第七章为海洋环境类案例。这些案例包含了国际常设法院（Permanent Court of International Justice，2 宗）、中美洲法院（Central American Court of Justice，1 宗）、国际法院（12 宗）和国际海洋法法庭（International Tribunal for the Law of the Sea，7 宗）作出的判决及仲裁法庭（10 宗）和特别委员会（1 宗）作出的仲裁裁决。由于有些涉及海洋法的争议仍在审理当中，因此不排除以后会更新相关审理结果的可能性。

本丛书中的海上边界国家实践发展现状系列旨在广泛传播各国在实践中适用《公约》的现状，为《公约》的实施提供帮助，促进各国统一、一致地适用《公约》规定的复杂而全面的国际规则。此系列包括 1982—1994 年的双边和多边条约、国内立法及政府照会、宣告和声明，按照国家字母顺序逐一列出。内容涵盖以下事务：领海基线、领海宽度及归属、专属经济区的建立、大陆架的界定、海岸相向或相邻国家间海上边界的划定等。

本丛书的编译工作由张海文主持，北京大学法学院李红云教授及其部分研究生、北京师范大学法学院张桂红教授及其部分研究生以及原国家海洋局国际合作司梁凤奎、祁冬梅、宁佳、蔡璧岭等参与了翻译工作。天津外国语大学黄影讲师负责本丛书的审校工作。丛书的文字翻译是对联合国公开资料的客观展示，以利于国内读者作为资料参考，并不代表编者和出版者认可其观点和立场。在编译过程中由于水平所限，错误在所难免，在此欢迎读者批评指正。

本丛书集合了国内立法和政策、边界协定和国际法案例，为我国了解国际海洋边界的最新进展、熟悉"海上丝绸之路"沿线国家的基本情况以及国际司法和仲裁机构对各类涉海问题的解读和分析提供了权威参考资料，对于推动国际法治、实现海洋强国具有重要的现实意义。我们希望通过《世界海洋法译丛》的编译出版，能对我国研究海洋法的学者和学生、涉海的政府行政主管部门、海洋立法和执法机构提供一些帮助和参考，为我国海洋事业的发展尽绵薄之力。

编译者

2017 年 11 月 28 日

目　录
Contents

一、关于海洋管辖权的国家立法及相关交流

二、关于海洋管辖权及相关交流的声明

三、条　约

一、关于海洋管辖权的国家立法及相关交流

阿尔及利亚
Algeria

关于确定测量国家管辖海域宽度的基线的第 84–181 号法令

（1984 年 8 月 4 日）

···········

考虑到《宪法》，特别是第 111 条第 10 款和第 152 条的规定；

考虑到 1963 年 10 月 12 日第 63–403 号确定阿尔及利亚领海范围的法令；

···········

第一条

国家管辖海域特别是领海的宽度应从直线基线及海湾封口线量起。

第二条

确定有关海域范围的基线应根据以下坐标划定：

1. 从阿尔及利亚 – 摩洛哥边界到 Rachgoun 群岛

（阿尔及利亚海图第 1201 号）

——从阿尔及利亚 – 摩洛哥边界到 Ras El Ouareye 礁

（坐标：035°06′04″ N，002°10′02″ W）

——Ras El Ouareye 礁到 Ras El Ouareye

（坐标：035°06′12″ N，002°09′08″ W）

—— Ras El Ouareye – Kef Bou Madane

（坐标：035°05′44″ N，002°06′58″ W）

——Kef Bou Madane – Ras Kela

（坐标：035°04′44″ N，002°01′10″ W）

——Ras Kela – Kef Riba

（坐标：035°05′12″ N，001°56′03″ W）

—— Kef Riba – 防波堤灯

（坐标：035°06′22″ N，001°52′03″ W）

——防波堤灯 – Ras Tarsa 以西的海角

（坐标：035°07′45″ N，001°48′54″ W）

—— Ras Tarsa 以西的海角 – Ras Chennaïra

（坐标：035°10′45″ N，001°41′54″ W）

2. Rachgoun 群岛到 Mersat Medekh

（阿尔及利亚海图第 1202 号）

——Ras Chennaïra – Rachgoun 群岛

（坐标：035°19′38″ N，001°28′48″ W）

—— Rachgoun 群岛 – Habibas 群岛

（坐标：035°43′24″ N，001°08′48″ W）

—— Habibas 群岛 – N.E. Habibas 群岛

（坐标：035°44′00″ N，001°07′00″ W）

—— N.E. Habibas 群岛 – Plane 群岛

（坐标：035°46′24″ N，000°53′56″ W）

——Plane 群岛 – Ras Falcon

（坐标：035°45′35″ N，000°46′45″ W）

奥兰湾（Bay of Oran）：

——Ras Falcon – Ras Aiguille

（坐标：035°52′46″ N，000°28′58″ W）

——Ras Aiguille – Aiguille Rock

（坐标：035°53′24″ N，000°28′12″ W）

——Aiguille Rock – Ras Ferrat

（坐标：035°54′40″N，000°23′00″W）

——Ras Ferrat – 低潮时高于水面的礁石

（坐标：035°54′48″N，000°22′23″W）

——低潮时高于水面的礁石 – Ras Carbon

（坐标：035°54'38″N，000°20'05″W）

3. Bordj Bouabed 到 Arzew

（阿尔及利亚海图第 1203 号）

阿尔泽湾（Bay of Arzew）：

——Ras Carbon – Oued Chlef 河口

（坐标：036°02'32″N，000°08'06″E）

——Oued Chlef 河口 – Ras Ouillis 礁

（坐标：036°06'30″N，000°12'00″E）

——Ras Ouillis 礁 – Kef El-Asfer 礁

（坐标：036°11'43″N，000°20'43″E）

——Kef El-Asfer 礁 – Kef El-Aoua

（坐标：036°12'48″N，000°23'45″E）

4. Ras Aiguille 到 Kef El–Aoua 和 Bourtmenard 到 Kef Es–Souari

（阿尔及利亚海图第 1204 号和第 1205 号）

——Kef El-Aoua – Ras Kramis

（坐标：036°19'53″N，000°39'36″E）

——Ras Kramis – Ras Magroua

（坐标：036°22'00″N，000°48'30″E）

——Ras Magroua – Hadjrat Nadji

（坐标：036°26'20″N，000°55'12″E）

——Hadjrat Nadji – Ras Nadji

（坐标：036°26'54″N，000°56'17″E）

——Ras Nadji – Pointe 角

（坐标：036°29'48″N，001°05'010 E）

——Pointe 角 – Kalah 屿

（坐标：036°31'06″N，001°11'08″E）

——Kalah 屿 – Ras Ténès

（坐标：036°33'12″ N，001°20'31″ E）

——Ras Ténès – Calle Génoise

（坐标：036°33'20″ N，001°22'08″ E）

5. Kef Es–Souari 到 Tipaza

（阿尔及利亚海图第 1206 号）

——Calle Génoise – Kef Es–Souari

（坐标：036°32'30″ N，001°28'06″ E）

——Kef Es-Souari – Djilari 礁

（坐标：036°33'30″ N，001°41'12″ E）

——Djilari 礁 – Tokibt Indich 屿

（坐标：036°35'40″ N，001°50'58″ E）

——Tokibt Indich 屿 – Kef Taska

（坐标：036°34'55″ N，001°55'00″ E）

——Kef Taska – Berinshel 屿

（坐标：036°38'57″ N，002°20'53″ E）

6. Tipaza 到 Ras Matifou

（阿尔及利亚海图第 1207 号）

——Berinshel 屿 – Les Deux Ilots

（坐标：036°37'42″ N，002°22'50″ E）

——Les Deux Ilots – Sidi Fredj

（坐标：036°46'04″ N，002°50'46″ E）

——Sidi Fredj – Kef Acrata

（坐标：036°48'28″ N，002°53'50″ E）

——Kef Acrata – Ras Caxine

（坐标：036°49'12″ N，002°58'27″ E）

——Ras Caxine – Kef Raïs Hamidou

（坐标：036°49'17″ N，003°01'12″ E）

阿尔及尔湾（Algiers）：

——Kef Raïs Hamidou – Sandja 岛

（坐标：036°49′15″ N，003°15′24″ E）

7. Ras Matifou 到 Ras Tedles

（阿尔及利亚海图第 1208 号）

——Sandja 岛 – Sandja 岛东部礁石

（坐标：036°49′04″ N，003°18′12″ E）

——Sandja 岛东部礁石 – Ras Djinet 东部

（坐标：036°53′20″ N，003°44′30″ E）

——Ras Djinet 东部 – Oued Sebaou 礁

（坐标：036°55′00″ N，003°50′50″ E）

——Oued Sabaou 礁 – Ras Bengut

（坐标：036°55′38″ N，003°53′48″ E）

8. Ras Tedles 到 Béjaïa

（阿尔及利亚海图第 1209 号）

——Ras Bengut – Sidi Khaled 礁

（坐标：036°54′54″ N，004°10′56″ E）

——Sidi Khaled 礁 – Mers El Farm 礁

（坐标：036°55′04″ N，004°20′14″ E）

——Mers El Farm 礁 – Ras Corbelin

（坐标：036°54′46″ N，004°26′24″ E）

——Ras Corbelin – Ras Sigli

（坐标：036°53′53″ N，004°45′39″ E）

——Ras Sigli – El Euch

（坐标：036°53′42″ N，004°47′30″ E）

——El Euch – Pisan 岛

（坐标：036°49′41″ N，005°00′17″ E）

9. Béjaïa 到 Tazerout 岛

（阿尔及利亚海图第 1210 号）

——Pisan 岛 – Ras Carbon

（坐标：036°46′43″ N，005°06′24″ E）

贝贾亚湾（Bay of Béjaïa）：

——Ras Carbon – Grand El Aouana

（坐标：036°47′17″ N，005°36′00″ E）

——Grand El Aouana – Ras Afia

（坐标：036°49′20″ N，005°41′36″ E）

——Ras Afia – Bouhmam

（坐标：036°49′48″ N，005°44′34″ E）

——Bouhmam – Jijel 角

（坐标：036°49′48″ N，005°46′24″ E）

——Jijel 角 – Tazerout 岛

（坐标：036°52′04″ N，006°04′05″ E）

10. Jijel 到 Ras Kalaa

（阿尔及利亚海图第 1211 号）

——Tazerout 岛 – Oued El Kebir 东部的海角

（坐标：036°53′55″ N，006°09′08″ E）

——Oued El Kebir 东部的海角 – Hadjra Sidi Mahchich

（坐标：036°59′15″ N，006°14′18″ E）

——Hadjra Sidi Mahchich – Ras El Maghreb

（坐标：037°01′42″ N，006°16′00″ E）

——Ras El Maghreb – Ras El Kmakem

（坐标：037°04′12″ N，006°20′17″ E）

——Ras El Kmakem – Kef Lekhal

（坐标：037°05′29″ N，006°25′00″ E）

——Kef Lekhal – Ras Bougaroun

（坐标：037°05′28″ N，006°28′06″ E）

——Ras Bougaroun – Bougaroun 东部礁石

（坐标：037°05′00″ N，006°30′18″ E）

——Bougaroun 东部礁石 – Ras El Kbiba

（坐标：037°03′22″ N，006°32′58″ E）

——Ras El Kbiba – Kaf Djerda

（坐标：037°01′03″ N，006°35′07″ E）

11. Ras Kalaa 到 Ras Toukouch 和 Ras Toukouch 到 Ras Rosa

（阿尔及利亚海图第 1212 号和第 1213 号）

——Kef Djerda – Ras Kalaa

（坐标：036°57′55″ N，006°45′12″ E）

斯基克达湾（Bay of Skikda）：

——Ras Kalaa – Ras El Hadid 东部礁石

（坐标：037°05′48″ N，007°12′23″ E）

——Ras El Hadid 东部礁石 – Ras Toukouch

（坐标：037°05′11″ N，007°23′45″ E）

——Ras Toukouch – Axin 礁

（坐标：037°03′12″ N，007°30′45″ E）

——Axin 礁 – Pain de Sucre

（坐标：036°58′51″ N，007°39′40″ E）

——Pain de Sucre – Ras El Hamra

（坐标：036°58′20″ N，007°47′12″ E）

安纳巴湾（Bay of Annaba）：

——Ras El Hamra – Ras Rosa

（坐标：036°57′12″ N，008°14′20″ E）

——Ras Rosa – Ras El Alem

（坐标：036°55′00″ N，008°24′17″ E）

12. Ras Rosa 到 Ras Kavansu

（阿尔及利亚海图第 1414 号）

——Ras El Alem – Aïn B′har

（坐标：036°56′43″ N，008°37′00″ E）

——Aïn B′har – 阿尔及利亚 – 突尼斯边界

（坐标：036°56′41″ N，008°38′30″ E）

第三条

根据前一条款确定的基线范围内的水域为内水，完全受国家主权的
管辖。

第四条

本法令将在阿尔及利亚人民民主共和国的官方公报上公布。

智　利
Chile

修正有关海洋区域的《民法典》的第 18.565 号法案

（1986 年 10 月 13 日）

第一条

《民法典》修正如下：

1. 第五百九十三条由以下规定取代：

"第五百九十三条　从各基线量起 12 海里的邻接海域构成领海和国家财产。但是，为预防和惩罚对海关、税收、移民、财政和卫生的法律和规章的违反有关的目的，国家对作为毗连区的海域有管辖权。该海域应从各基线量起延伸至 24 海里的距离。

位于领海基线内的水域构成国家内水。"

2. 插入第五百九十六条如下：

"第五百九十六条　从测量领海宽度的基线量起至 200 海里并在领海之外的邻接海域应作为专属经济区。在专属经济区内，国家有以勘探和开发、养护和管理海床上覆水域和海床及其底土的自然资源（不论为生物或非生物资源）为目的的主权权利，以及关于在该区内从事经济性开发和勘探等其他活动的主权权利。

为保护、勘探和开发其自然资源的目的，国家对大陆架享有排他性的主权权利。

而且，国家对专属经济区和大陆架应享有国际法规定的所有其他管辖权和权利。"

3. 第六百一十一条由以下规定取代：

"第六百一十一条　海上捕捞和捕鱼应受本法典规定的调整，并为此而首先受有效的特别立法的调整。"

第二条

《民法典》第五百九十三条和第五百九十六条提及的海洋边界不影响已有的海洋边界。

赤道几内亚
Equatorial Guinea

··

1984 年 11 月 12 日关于赤道几内亚共和国领海和专属经济区的第 15/1984 号法案

第一部分　领　　海

第一条

赤道几内亚共和国的主权及于整个国家的领土，按照殖民地时代遗留下来的边界，包括里约穆尼（Río Muni）整个大陆地区、比奥科岛（Bioko）、安诺本岛（Annobón）、科里斯科岛（Corisco）、大爱洛贝岛（Elobey Grande）、小爱洛贝岛（Elobey Chico）以及临近岛屿、内水和被称为"领海"的邻近海域。

根据国际法，主权的效力及于水体、海床和底土及其海洋资源与上覆空域。

第二条

领海宽度为从基线量起 12 海里。

第三条

用来测算领海宽度的基线为海岸低潮线。

在有河口、海湾、海港、岛屿和其他呈水曲状的区域，用来测量领海宽度的基线应为根据国际法由本法案设立的技术委员会确定的直线基线。

第四条

除另有规定外，领海基线向陆一侧的水域构成赤道几内亚共和国内水的一部分。

第五条

在沿海国海岸线与赤道几内亚共和国海岸线相邻或相向的情况下，赤道几内亚的领海宽度不得超过中间线。该线上各点到两国根据国际法划定的测量领海宽度的基线上最近点的距离相等。

第六条

所有国家，无论是沿海国还是内陆国，其船舶在赤道几内亚共和国的领海水域内享有无害通过的权利。

第七条

只要不损害赤道几内亚的和平、良好秩序或安全，通过就是无害的。

如果外国船舶在领海内进行下列任何一种活动，其通过即应视为对赤道几内亚的和平、良好秩序和安全的损害：

（1）对赤道几内亚的主权、领土完整或政治独立进行任何武力威胁或使用武力，或以任何其他违反《联合国宪章》所体现的国际法原则的方式进行武力威胁或使用武力；

（2）以任何种类的武器进行任何操练或演习；

（3）任何宣传行为或任何目的在于搜集情报使赤道几内亚防务或安全受损害的行为；

（4）在船上发射、降落或接载任何飞机或军事装置；

（5）违反赤道几内亚海关、财政、移民或卫生的法律和规章上下任何商品、货币或人员；

（6）任何违反国际法的严重国际污染行为；

（7）未获得相应授权或未取得相应执照而进行任何捕鱼活动、研究活动或水文测量调查；

（8）任何目的在于干扰赤道几内亚任何通信系统或任何其他设施或设备的行为；

（9）与通过没有直接关系的任何其他活动。

第八条

在领海内，潜艇以及任何其他外国水下交通工具必须在水面上航行，并展示船旗。

第九条

尽管有本法案第六条的规定，外国船舶在行使其无害通过领海的权利时，必须遵守赤道几内亚对下列各项或任何一项制定的关于无害通过的所有法律和规章：

（1）航行安全及海上交通管理；

（2）保护助航设备和设施以及其他设备或设施；

（3）保护电缆和管道；

（4）养护海洋生物资源；

（5）防止违反沿海国的渔业法律和规章；

（6）保全环境，并防止、减少和控制环境污染；

（7）海洋科学研究和水文测量；

（8）防止违反海关、财政、移民和卫生的法律与规章。

第二部分 专属经济区

第十条

专属经济区是领海以外并邻接领海的一个区域。

赤道几内亚共和国的专属经济区从赤道几内亚共和国领海外部边界延伸至距离测量领海宽度的基线200海里的范围。

第十一条

1.除海岸线与赤道几内亚海岸线相邻或相向的国家与赤道几内亚之间订立的条约中另有规定外，赤道几内亚专属经济区的外部边界不得超过等距离中间线。

2.等距离线是指这样一条线，即线上各点与两国根据国际法划定的通过线上最近点之间的距离相等。

第十二条

在专属经济区内，赤道几内亚共和国享有以勘探、开发、养护和管理海床、底土及其上覆水域的自然资源（不论是生物资源还是或非生物资源）为目的的主权权利，以及关于在该区域内从事经济性勘探的其他活动的主权权利。

第十三条

在专属经济区内，赤道几内亚共和国对下列事项具有专属管辖权：

（1）海洋科学研究；

（2）人工岛屿、设施和结构的建造与使用；

（3）海洋环境的保护和保全；

（4）赤道几内亚共和国政府根据国际法确定的任何其他事项。

第十四条

在专属经济区内，捕鱼权利保留给赤道几内亚国民。

只有在赤道几内亚共和国与相关国家订立的条约中有此类条款或赤道几内亚主管部门在国际协定框架之外授予特别执照的情况下，外国渔民才能在专属经济区内捕鱼。

附　　则

1. 兹成立一个技术委员会。该委员会由来自外交和合作部，水力、森林和造林部，国防部，司法和礼拜部，矿产和石油部，公共事业、住房和城市发展部的代表组成。委员会负责依本法案向部长理事会提交比例尺适当的海图，标明测算领海宽度的基线以及由此划出的界线。

2. 这些海图应附有地理坐标点清单，并附有每个坐标点的测量数据。海图构成本法案的一部分。

3. 上述各部门应在本法案在官方通告上公布之日起 1 个月内指定各自派往技术委员会的代表。

4. 本法案未规定的任何事项适用 1982 年 4 月 30 日《联合国海洋法公约》的相关规定。

最 后 条 款

任何与本法案相冲突的立法，特别是 1970 年 9 月 24 日第 17/1970 号法令和 1976 年 10 月 17 日第 28/1976 号法令，特此废止。

本法案自公布于官方通告之日起生效。

法　国
French

<hr />

管理通过法国领水的外国船舶的法令
（1985 年 2 月 6 日第 85–185 号法令）

第一条

根据本法案关于无害通过的规定，外国船舶享有通过法国领水的权利。

第二条

"通过"是指出于以下原因航行通过领水：

1. 不进入内水，不在内水外的停泊处或港口设施处停靠，直接通过。

2. 进出内水或进出停泊处或港口设施。

通过应当连续而迅速。当然，通过也包括停船和抛锚，但是必须是偶然发生在正常航行中或者受不可抗力强制或发生海难，抑或是为危急或遇难的人员、船舶、飞机提供帮助。

第三条

无害通过不能危害和平、良好秩序和国家安全。

通过领水的外国船舶如果没有如下与通过直接相关的行为，则视为没有危害和平、良好秩序和国家安全：

1. 威胁或暴力侵害主权、领土完整和司法独立，或者其他违反国际法准则为《联合国宪章》所禁止的行为。

2. 使用任何武器。

3. 旨在收集危害国防安全的信息的行为。

4. 宣传危害国防安全的行为。

5. 发射、着陆或者装载飞行器的行为。

6. 发射、着陆或者装载武器装备的行为。

7. 装卸违法商品、货币、人员的行为。

8. 故意严重污染环境的行为。

9. 渔业活动。

10. 研究调查活动。

11. 旨在干扰法国领土和领水内的通信系统或其他设施的行为。

第四条

潜艇和其他水下交通工具必须从水面上通过领水并展示国旗。

第五条

法国本土的海事长官、海外部门的政府代表和海外领土以及马约特岛可在其领水范围内对非无害通过的入侵和通过采取必要措施。

在外国船舶进出内水或进出停泊处或港口设施的情况下，上述主体也可以采取必要措施防止上述船舶违反进入内水的许可条件。

第六条

上述第五条规定的主体基于航行安全的考虑，可以在必要时要求行使无害通过法国领水权利的外国船舶使用指定航道或交通隔离区域，特别是针对油轮、核动力船舶、携带核物质以及其他危险或有毒物质的船舶。航道和交通隔离区域需在海图中标明，进行应有的告知。

上述主体可以在不对外国船舶进行形式和事实上的歧视的情况下，在特定领水区域暂时禁止外国船舶行使无害通过权（如果该禁止行为对保护国家安全是必要的）。上述禁止行为在履行必要的通告义务后方有效。

第七条

本法令适用于海外领土和马约特岛。

第八条

司法部部长，外交部部长，国防部部长，内政和地方事务部部长，城市化、住房和交通部部长，海外内政和地方事务部部长秘书以及海洋城市化、住房和交通部部长秘书，负责本法令在各自职权范围的执行。本法令将在法兰西共和国官方日志中公布。

加　蓬
Gabon

....

建立 200 海里专属经济区的第 9/84 号法案

第一条

应建立一个海洋区域，称为"专属经济区"。它位于加蓬领水之外并邻接领水。

第二条

专属经济区的宽度为 200 海里，从测算领海宽度的直线基线和正常基线量起。

第三条

在专属经济区内，加蓬政府享有以勘探和开发、养护和管理海床与底土及其上覆水域的自然资源（不论是生物资源还是非生物资源）为目的的主权权利。

加蓬政府的主权应通过在该区域内进行经济性勘探和开发活动得到宣示。例如：利用海水、海流和风力生产能。

第四条

在该区域内，加蓬政府享有为上述第三条规定的目的及其他经济目的而建造、使用和勘探以及批准和管理建造、操作和使用人工岛屿、设施与结构的专属权利。

…………

第六条

所有船舶必须尊重这些安全区域,并遵守公认的有关在人工岛屿、设施和结构以及安全区域附近航行的国际标准。

第七条

加蓬政府对这些人工岛屿、设施和结构具有专属的管辖权,包括与海关、财政、卫生、安全和移民法律与规章有关的管辖权。

第八条

加蓬政府在其专属经济区内享有关于海洋科学研究和海洋环境保护的专属管辖权。

第九条

在专属经济区内,优先捕鱼的权利保留给悬挂加蓬国旗或由加蓬国民经营或由加蓬法律规定的法人操作的船舶。

第十条

加蓬政府应确定专属经济区内生物资源的可捕量,并通过适当的养护和管理措施保证其资源不被过度开采。

第十一条

如果根据上述第二条规定确定的专属经济区与接壤或相邻国家的专属经济区发生重叠,应根据与相关国家之间的协议或根据公认的国际法划界原则来确定共同边界。

第十二条

在领海边界外,专属经济区的建立不影响航行自由、飞越自由、铺设海底电缆和管道的自由及与行使这些自由相关的为其他国际公认目的的海洋利用形式。

第十三条

在行使第十二条提到的自由时,外国及其国民应顾及加蓬的主权权利,并根据国际法尊重加蓬的法律和规章。

第十四条

任何外国船舶在行使第十二条提到的自由时,禁止在专属经济区内从事任何捕鱼活动（包括装载捕鱼设备和用具）、研究活动、任何污染和危及海洋环境的活动以及对该区域内资源有害或对加蓬经济利益有害的活动。

第十五条

加蓬毗连区位于领海之外并邻接领海，从测算领海宽度的直线基线和正常基线量起，延伸到 24 海里的距离。在该区域内，加蓬为下列事项行使必要的管制权：

——防止违反其海关、财政、卫生或移民的法律和规章；

——惩治在其领土或领海内违反上述法律和规章的行为。

第十六条

本法案的规定不应妨碍加蓬承认并体现在与其他国家订立的协议中的国际合作原则，但不得损害加蓬的主权权利，并应尊重加蓬的合法权益。

第十七条

本法案取代所有以往与之冲突的规定，应按照紧急程序登记、公布，并作为国家法律予以实施。

德意志民主共和国
German Democratic Republic

执行《德意志民主共和国国家边界法边境条例》的第二法令
（1984 年 12 月 20 日）

在 1982 年 3 月 25 日的国家边界法的第四条第 4 款和第四十条的基础上，规定如下法令：

第一条

1. 德意志民主共和国领海宽度的扩展应符合边界法的第四条第 3 款的规定。

2. 德意志民主共和国领海的外部界限（海上边界）应从德意志民主共和国的国家边界直到德意志联邦共和国，确定有关海域范围的基线应根据以下坐标划定：

（1）北纬 53°57′30″

东经 10°54′18″

（2）北纬 53°57′55″

东经 10°54′18″

（3）北纬 53°59′38″

东经 10°56′50″

（4）北纬 54°02′36″

东经 11°00′36″

（5）北纬 54°03′32″

东经 11°02′45″

（6）北纬 54°09′04″

东经 11°15′30″

（7）北纬 54°21′10″

东经 11°48′00″

（8）北纬 54°21′10″

东经 12°08′40″

（9）北纬 54°26′40″

东经 12°16′45″

（10）北纬 54°36 ′40″

东经 12′23′18″

（11）北纬 54°44′02″

东经 12°41′54″

根据 1982 年 3 月 25 日边界法第二十一条的规定，从基线量起的 12 海里的点开始直到以下坐标定义的点：

（12）北纬 54°08′38″

东经 14°20′48″

根据德意志民主共和国和波兰人民共和国之间订立的协议，德意志民主共和国和波兰人民共和国之间的国家边界，从这点开始直到以下坐标定义的这些点：

（13）北纬 54°01′42″

东经 14°15′16″

（14）北纬 53°55′46″

东经 14°13′42″

3. 德意志民主共和国的领海外部界限（海上边界）不应妨害德意志民主共和国与海岸相向和相邻国家间大陆架和渔区的待定划界。

第二条

在领海的外国军舰和其他用于非商业目的的政府船舶应遵守边界法第十五条和边界条例第六部分的规定，除了为驶入或驶离港口的目的的船舶之外，这些船舶必须以直线通过德意志民主共和国的领海。

第三条

按照边界条例，运动船舶在领海或超出了边界区域的国际水域的航行许可只适用于指定区域，不超过从基线量起的3海里。在举办体育赛事的例外情况下，可以由沿海边防大队队长同意后授予航行许可权。

第四条

本条例自1985年1月1日生效。

德意志联邦共和国
Federal Republic of Germany

普 通 照 会

德意志联邦共和国的联合国常驻代表团发送给秘书长的特别代表的一份关于海洋法（日期为 1985 年 10 月 11 日）的说明，内容如下：

我荣幸地通知您，《防止德国海湾油轮事故的北海领海扩张法令》颁布于 1984 年 11 月 12 日（联邦法律公报 1 第 1366 页）。该法令和 1985 年 1 月 9 日的航道交通规则第六修正案（联邦法律公报 1 第 38 页）于 1985 年 3 月 16 日生效。

1984 年 11 月 12 日的法令发布，在公告编号为 NO.85-574，是对"海员信息"NO.4/1985 的补充。1985 年 1 月 8 日的第六法令已发布，公告编号为 NO.85-1224，是对"海员信息"NO.10/1985 的补充。另附上两个通知，包括非官方翻译的副本以及第 50 号航海图以供参考（见附件）。

1970 年 1 月 28 日的"海员信息"NO.70-1184 公告中关于北海的领海基线，统一的 3 海里领海宽度已经过时。NO.70-1184 公告中还包含德意志联邦共和国的海洋图表的基本信息，因此，可以指出，缺少最新校正的图表将不再适合航行。

在"海员信息"的第 32 号问题上发表的编号为 NO.78-3240 的公告中，波罗的海的直线基线继续具有完全的法律效力。

附件 1：北海领海扩展区第 85-574 号通知——1972 年避碰规则的附加条款

1. 这是关于《防止德国海湾油轮事故的北海领海扩张法令》（颁布于 1984 年 11 月 12 日，联邦法律公报 1 第 1366 页）的通知，其内容如下：

德意志联邦共和国的领海应在北海进行扩展，以便采取适当的行动来应付油轮损坏造成的海上石油泄漏和海湾沿岸地区的污染。德意志联邦共和国的领海扩展区的外部界限应定义如下（坐标点按照每欧洲基准表示）：

"向西，以东经 7°24'36″ 子午线形成的线为界。在一端，这条子午线与德意志联邦共和国目前的领海 3 海里界限点的交叉点位于朗格奥岛的西北部，坐标为北纬 57°47'38″；在另一端，为深水锚地的北端点，坐标为北纬 54°08'11″、东经 7°24'36″。

向北，从最后提到的点与当前领海至黑尔戈兰岛的西北部圆弧界限上一点，坐标为北纬 54°14'26″、东经 7°49'50″ 的切线。因此，该岛领海的北方界限为一个位于黑尔戈兰岛的东北部，坐标为北纬 54°13'36″、东经 7°58'57″ 的点。这是一条切线从离易北河河口的当前领海界限上一点，坐标是北纬 54°01'11″、东经 8°18'40″，该切线触及领海至黑尔戈兰岛的东北部当前的圆弧界限。

最后提到的切线形成领海扩展区的东部界限。"

上述法令自 1985 年 3 月 16 日生效。

2. 一旦该法令生效，德意志联邦共和国的所有法律，包括刑法和联邦及联邦州参与的水资源管理法案，应像其已在 3 海里区适用的方法一样适用于扩展区。

伴随着领海的扩展，1985 年 1 月 9 日航道交通规则第六修正案（联邦法律公报 1 第 38 页）应生效。根据该修正案，航道交通规则的一些规定应可适用于船舶在领海的扩展区航行，即在先前和领海的新向海边界之间的区域航行。然而，航道交通规则应继续没有限制地适用于黑尔戈兰岛周围传统的领海（3海里区域）。

除了1972年的避碰规则，只有以下航道交通规则的规定，适用于领海的扩展区：*

第三条　交通行为的一般原则

第四条　责任

第七条第1款　公共服务船舶

第十四条　携带危险货物的船舶的信号

第三十二条第5款　在锚地锚泊

第五十五条　河流和航运警察当局的胜任力

第五十六条　海运警方当局的特设命令

第五十八条　海运警方当局的报告

第五十九条　免责条款

第六十条　海运警方当局的通知和法定条例的发布

第六十一条　行政违法行为（行政罚款的规定）

除上述规定外，一项新的规定 [第二十四条（a）款] 应适用于合适的船舶在有关区域航行避免因其吃水限制而妨碍其安全通行的问题。这一规定的英语翻译如下：

第二十四条（a）款 – 在德国湾的领海扩展区航行的船舶避免因其吃水限制而妨碍船舶的安全通行的义务。

在减损碰撞规则第十八条（d）款规定的情况下，任何在德国湾领海扩展区域内航行的船舶，除失去控制的船舶外，不论环境情况，应当避免因其吃水限制而妨碍船舶的安全通行以及应当在充裕的时间内采取避免措施。这一规定将适用于任何船舶，特别是接近其吃水限制而涉及碰撞危险的船舶。

这一规定要强调的是，在减损1972年避碰规则第十八条(d)款的情况下，不论环境情况如何，航行在德国湾领海扩展区的船舶的因其吃水限制（避碰规则第二十八条表现出的信号）的安全通行必须不得受阻碍，在这个意义

---

* 以下规定的非官方英语翻译将与即将到来的重复通知一起公布。

上，1972 年避碰规则的某些规则的统一应用指导中的第三和七条说明（MSC Circ.320）不适用于该区域。这意味着没有船舶会因吃水限制被视为让路船。

在 1985 年 3 月生效的领海扩展区和航道交通规则第六修正案将在重复的通知上再次公布。

附件 2：1985 年 1 月 9 日航道交通规则第六修正案

德国湾 85-1224 号通知——领海扩展区：1972 年避碰规则的附加条款

立即生效，深水锚地，强制报告制度：北部和西北部水路与航运董事联合公告

85-574 号通知作为航海通告第 4/1985 号问题的补充发布。

防止德国海湾油轮事故的北海领海扩张法令颁布于 1984 年 11 月 12 日（联邦法律公报 1 第 1366 页），将于 1985 年 3 月 16 日 00：00 标准时间（1985 年 3 月 15 日 23：00UTC）生效。

同时，1985 年 1 月 9 日航道交通规则第六修正案（联邦法律公报 1 第 38 页）将生效。除了 1972 年避碰规则外，以下航道交通规则的规定将适用于领海扩展区：第三，四，七（1），十四，二十四（a），三十二（s），五十五，五十六，五十八，五十九，六十和六十一节。

这些部分的非官方的英文翻译，除第二十四条（a）外，可以在这份通知的附件中找到（见附录）。

再次提请特别注意的是新的第二十四条（a）款：合适的船舶，除不受控制的船舶外，在领海扩展区域内航行避免因其吃水限制而妨碍其安全通行。这规定的英文翻译如下：

第二十四条（a）——在德国湾的领海扩展区航行的船舶避免因其吃水限制而妨碍船舶的安全通行的义务。

"在减损碰撞规则第十八条（d）款的规定的情况下，任何在德国湾领海扩展区域内航行的船舶，除失去控制的船舶外，不论环境情况，应当避免因其吃水限制而妨碍船舶的安全通行以及应当在充裕的时间内采取避免措施。

这一规定将适用于，特别是接近其吃水限制而涉及碰撞危险的任何船舶。"

航海通告第 4/1985 号问题的补充文件上说明领海扩展区的海图展示了两个威悉河口锚地；然而，这些都已在前一段时间搬迁了。附于本通知的海图提供的是情况正确的图片。

为实施航道交通规则第六修正案（以下简称"规则"），北部和西北部水路与航运董事发布一个涉及锚地（"规则"第二条）和航运警方当局报告（"规则"第五十八条）的联合通告；这份联合通告的英文翻译如下：

"1. 锚地 [规则第二条第 1 款第（3）项]

深水锚地通过连线以下坐标划定：

54°08′11″ N　　07′24′36″ E（TW11 浮标）

玉河

54°00′27″ N　　07′24′36″ E（DB 16 浮标）

里德河

54°01′39″ N　　07′33′04″E（DB 18 浮标）

玉河

"2. 强制报告制度（规则第五十八条第 1、2、4 款）

"2.1 根据条例第五十八条第 1 款，船舶应包括船舶，包括牵引和推动单位且超过 50 米的长度。

"2.2 根据规则第五十八条第 4 款，河运和航运警方当局应包含威廉港和库克斯港水路和航运办事处。

"2.2.1 根据第五十八条第 1 款的规定，进入领海扩展区时或之前继续向东的和前进途中从向北方向的路线经过下面第 2.2.2 项提到的报告点的船舶应当报告。报告应通过'德国湾地区广播电台'在 VHF80 频道被转发到威廉港交通控制中心（威廉港交通中心）。

"2.2.2 报告点

"2.2.2.1 根据规则第五十八条第 1 款第（1）项，报告（包括船名、位置、尺寸和目的港）应按如下要求制作：

——船舶在向东分道通航制'德意志灯船西方'航行，当经过 TW7 灯标时应当报告。

——船舶在向东分道通航制'关泰尔斯海灵岛，并在德国湾'航行，当经过 DB 13 灯标时应当报告。

——船接近灯船德国湾和黑尔戈兰之间的位置，当经过北纬 54°20′00″或与该线平行时应报告。

这些报告应包括根据规则第五十八条第 1 款第（2）项的规定所需要的信息。

"2.2.2.2 根据规则第五十八条第 1 款第（2）项的规定，（包括船名、位置、速度和通行时间）应作出如下的报告：

——船舶在向东分道通航制'德意志灯船西方'航行，当经过 TW9 灯标时应当报告。

——船舶在向东分道通航制'关泰尔斯海灵岛，并在德国湾'航行，当经过 DB 17 灯标时应当报告。"

这一联合声明还将在标准时间 1985 年 3 月 16 日 00：00（1985 年 3 月 15 日 23：00 UTC）生效。

水手被要求严格遵守上述通知的规定。

附录：通告 85-1224 号附件
航道交通规则摘要（德国交通法规）

以下航道交通规则的规定（德国交通法规）简称为"这些规则"，适用于在 85-574 号通告描述的在德意志联邦共和国领海的扩展区航行的船舶。

第三条　交通行为的一般原则

1. 任何参与海上交通的人的行为应当确保安全和交通的便利，并进一步确保没有任何其他人将受到任何损坏或危险，或在当前环境的必然要求下受到阻碍或骚扰。在海员通常做法可能或个案的特殊情况下应采取预防措施。

2. 鉴于特殊情况存在，应采取必要的行动避免紧迫危险，即使这种行动暗示脱离本条例的规定。

3. 任何人无法安全地在身体或精神伤残或酒精饮料或其他麻醉品的影响下，进行航行。

第四条 责任

1. 该船舶的负责人以及对船舶的安全负责的其他任何人的交通行为和展示视觉信号和声音信号的船舶配件应当遵守本规则的规定。

2. 海上飞行员也应被视为有责任。他须向船舶负责人提供建议，使其遵守这些条例的规定。

3. 虽有第 1 款的规定，推动或牵引船舶单位的负责人应负责该单位的安全航行。负责推动或牵引船舶的人应被视为负责整个单位的人，但是，有关船舶的负责人可以，在启航之前指定非推动或牵引船舶的负责人，为推动或牵引单位的负责人。

4. 倘船舶负责人尚未确定，以及几个人在法律上有权负责该船舶的，这些人应在启航之前指定负责的主管人员。

5. 本条不影响任何其他人根据这些条例的规定或任何其他有关规定产生的责任。

第七条 公共服务船舶

1. 适当考虑到公众安全和秩序以及执行公务的迫切要求，任何公共服务船舶不得享有本规则的豁免条款。行使警察职能时若影响交通安全和容易流通，须展示附件 2 第 1 款第 2 项中描述的信号（连续、快速闪烁蓝光）。

第十四条 携带危险货物的船舶的信号

1. 装载有一定的危险品（如气体、化学品、石油和散装石油产品）的船舶，应当展示除了海上避碰的国际条例规定的信号外，还应展示出附件 2 第 1 款第 6 项所描述的信号（白天展示标志国际准则中的"B"展示；夜晚，全方位的红灯）。这些信号在船舶锚泊或停泊时也应当展示。本款第一句和第二句不适用于军舰。

2. 第 1 款规定同样适用于卸载危险品后还没有清洁和释放气体的油轮，除非这些危险品已完全没有危险性。

第三十二条 在锚地锚泊

…………

5. 禁止任何船舶在路基上锚定，除非该路基允许船舶锚定。

适用的条件和要求应当由主管河流和航运警方当局发布。

第五十五和五十六条规定针对全国航运警方当局。

第五十八条　海运警方当局的报告

1. 任何其推动或牵引单位超出以下主管河流和航运警方当局发布的外形尺寸和规格的船舶应当报告：

（1）在进入任何一个河流和航运警方当局已发布的航道之前，应在良好的时机给予船舶的名称、位置、尺寸和目的港。

（2）当经过已知位置时，应当给予船舶的名称、位置、速度和通行的时间。当航行中断和恢复时视情况而定，应根据本段第一句的规定作出报告。

2. 任何船舶应当根据第三十条第 1 款的规定，在进入以下任何一个航道的 24 小时前，无论如何，不晚于在其离开最后一个出发港时作出报告，包括埃姆斯河、玉河、威悉河、亨特河、易北河、基尔运河和基尔峡湾。任何此类船舶还应当遵守第 1 款第 2 项和第 2 项的规定。

3. 根据第 2 款第一句的规定，任何报告应包括以下内容：

（1）船舶的名称和呼号。

（2）告知第一个报告点到达的估计时间（天数用两位数表示，小时用本地时间和四位数字表示）。

（3）船舶的国籍。

（4）船舶的长度和吃水量。

（5）出发港和目的港。

（6）货物种类和附件 3 列举的危险品描述和数量。

（7）若化学品或液化气散装运输时，应指明船舶是否分别具有符合国际海事组织关于船舶散装运输危险化学品的建设和设备守则或国际海事组织关于船舶散装运输液化气建设和设备守则规定的合格证。

（8）船舶及其货物是否存在损坏的声明。

（9）船舶所有权人或其代表。

4. 根据第 1 款和第 2 款规定，报告应由有关船只负责人、其拥有人或任何一个转交到有关航道的主管的河流和航运警方当局。第 2 款第一句话规定报告应以书面形式做出。

第五十九条　免责条款

河流和航运警方当局可根据具体情况给予一个或几个本条例的规定的豁免。

第六十条　海运警方当局的通知和法定条例的发布

1. 由于预防交通安全和易流通的危险的必要性，北部和西北部的水路和航运管理局依照本条例的规定谨此授权发布此通知。该通知须公布在联邦纪事（联邦公报）上。

2. 北部和西北部的水路和航运管理局，谨此授权以发布军事和民用活动区域及禁止区域划分和船舶行为的法定条例。

3. 北部和西北部的水路和航运管理局，谨此授权以发布，以法定条例的方式，为保证通航航道安全及交通易流动，在特殊情况下有必要发布临时命令。该命令可能是通过水道上工作、公共事件和暂时通行航道条件而做出。本款第一句的规定也适用于该临时命令，可能在航运警察当局的范围内采取必要的措施，为试验目的或为直到本修正条例生效的时间内。上述命令不得继续生效超过三年。

第六十一条　行政违法行为（行政罚款的规定）

1. 根据海上航行法案（联邦政府的能力）第十五条第 1 款第 2 项或者内河航行法案第七条第 1 款的条件，任何人无论故意或过失都应被视为行政违法行为。

（1）违反任何一个或几个第三条第 1 款交通行为的一般原则的规定，或违反第三条第 3 款驾驶无法安全航行的船舶的规定。

（2）违反第四条第 2 款海洋飞行员须向船舶负责人提供建议，或第四条第 4 款指定负责的主管人员的规定

…………

（8）行为违反了第十四条展示携带危险货物的船舶的信号的相关规定

…………

（15）行为违反了第三十二条第 5 款在锚地锚泊的相关规定。

…………

（37）不符合根据第五十六条第 1 款的规定由航运警方当局发布的具有强制执行力的特设命令。

…………

（40）违反第五十八条，不按规定要求作出报告或未按时作出报告，或不遵守规定和适用的要求。

2. 若涉及以上第（15）项的情况，在联邦航道法第五十条第 1 款第 2 项的条件下任何人无论故意或过失违反了河流警方当局发布的规则的规定，其行为都应被视为行政违法行为。

3. 根据以上第 1 款特此授予水路和航运管理局起诉行政犯罪的能力。

4. 根据第六十条第 2 和第 3 款特此授予水路和航运管理局的条款发布法定条例，起诉行政犯罪的能力。

5. 根据海上航行法（联邦政府的能力）第十五条第 1 款第 1 项，特此授予水路和航运管理局起诉行政犯罪的能力。

加 纳
Ghana

....

1986 年海域（划界）法

本法提到的《联合国海洋法公约》简称为《公约》。加纳政府已于 1982 年 12 月 10 日在牙买加蒙多哥湾签署了《公约》；

同时，鉴于加纳政府已于 1983 年 3 月 20 日批准了《公约》；

同时，鉴于有必要实施《公约》中关于领海、毗连区、专属经济区和大陆架划界的规定，从而使《公约》规定在加纳具有法律效力；

兹按照 1981 年《临时国防理事会（设立）声明》通过本法：

1.（1）兹宣布共和国领海宽度不超过 12 海里，自标注于大比例尺官方海图上的共和国海岸低潮线开始量起。

（2）领海的外部界限应为这样一条线，即线上各点到基线上最近点的距离等于领海的宽度。

2.（1）共和国根据《公约》和其他国际法规对领海享有主权。

（2）共和国主权及于陆地领土、内水，同时及于领海的上覆空域及海床与底土。

3. 兹宣布领海基线向陆一侧的水域构成共和国内水的一部分。

4.（1）兹宣布共和国毗连区为邻接领海的一个区域，其范围从测算领海宽度的基线量起不超过 24 海里。

（2）在毗连区内，政府可以为下列事项行使必要的管制权：

（a）防止违反海关、财政、移民和卫生的法律和规章；

（b）惩治在加纳领土或领海内违反上述法律和规章的行为。

5.（1）兹宣布共和国的专属经济区为领海之外并邻接领海的一个区域，从测算领海宽度的基线量起不超过 200 海里。

（2）在专属经济区内，共和国在国际法允许的范围内享有：

（a）以勘探和开发、养护和管理海床上覆水域与海床及其底土的自然资源（不论是生物资源还是非生物资源）为目的的主权权利，以及在该区内从事经济性开发和勘探的其他活动的主权权利，如利用海水、海流和风力生产能。

（b）根据《公约》条款规定对下列事项的管辖权：

（i）人工岛屿、设施和结构的建造与使用；

（ii）海洋科学研究；

（iii）海洋环境的保护和保全。

（c）《公约》规定的其他权利和义务。

（3）确定专属经济区外部界限的线须在官方海图上标出，且比例尺应足以确定其位置。

6.（1）兹宣布共和国的大陆架由没入水下部分的海床和底土组成。其位于领海以外，是陆地领土的自然延伸，距离测算领海宽度的基线 200 海里。

（2）政府为勘探大陆架和开发其自然资源的目的对大陆架行使主权权利。

（3）本部分第二款规定的权利不影响大陆架上覆水域和这些水域的上空的法律地位。

（4）为本部分的目的，大陆架的自然资源包括海床和底土的矿物与其他非生物资源以及定居种生物。定居种生物即在可捕捞阶段在海床上或海床下不能移动或其躯体须与海床或底土保持接触才能移动的生物。

（5）确定大陆架的外部界限的线须在官方海图上标出，且比例尺应足以确定其位置。

7. 官方海图上标出的领海、专属经济区和大陆架的界线应为本法第一部分、第五部分和第六部分所指的领海、专属经济区和大陆架的界限的最终证据。

8.（1）临时国防理事会可以通过立法文件制定全面实施本法规定的规章。

（2）根据本部分制定的规章可以规定对违法行为处以不超过 500 000 塞地的罚金或不超过 15 年期限的监禁，或两者并处，并可以要求没收违法时使用的任何物品。

（3）如果违反根据本节制定的任一规章者是一群体：

（a）如果该群体是一个法人实体，则该法人实体的所有理事和主管都应被视为犯有该罪行；

（b）如果法人实体为一合伙企业，则该合伙企业的每一合伙人应被视为犯有该罪行。

倘若某人能够证明构成罪行的行为是由他以外的另一人所为，并且他本人对此不知晓，且未纵容，而且他已经考虑到各种情况，并为防止此类罪行已尽一切应尽的努力，则不得根据本部分规定认定该人犯有罪行。

9. 1973 年《领水和大陆架法令》（N.R.C.D./165）以及 1977 年《领水和大陆架（修订）法令》（S.M.C.D.109）特此废除。

1986 年 8 月 2 日通过本法。

几内亚比绍
Guinea-Bissau

....

1985 年 5 月 17 日第 2/85 号法案

鉴于需要根据 1982 年 12 月 10 日《联合国海洋法公约》确定直线基线，在部长理事会的建议下，根据宪法第五十六条第八项赋予的权力和职责，由全国国民大会通过，并由我宣布如下法案：

第一条

在几内亚比绍共和国内，用来测算领海宽度的直线基线应通过下表所列的地理坐标点来确定：

点	北纬	西经
1	12°20′20″	16°43′05″
2	11°38′12″	16°35′12″
3	11°16′18″	16°28′53″
4	11°01′34″	16°11′04″
5	10°51′25″	15°43′35″
6	10°50′00″	15°10′30″

第二条

任何与本法案不一致的法律规定特此废除。

第三条

本法案自即日起生效。

1985 年 5 月 17 日关于海上边界的第 3/85 号法案

考虑到 1985 年 2 月 14 日海牙仲裁法庭作出的关于划分几内亚比绍共和国和几内亚共和国之间海上边界的裁决；

考虑到该高等仲裁法庭作出的裁决通过和平方式解决了两个相邻国家之间的海上边界纠纷；

同时考虑到这两个兄弟般的民族由此达成了一项历史性的成果——这对发展长久以来即存在于两个民族之间的友好合作关系非常重要；

在部长理事会的建议下，根据宪法第五十六条第八项赋予的权力和职责，由全国国民大会通过，并由我宣布如下法案：

第一条

划定几内亚比绍共和国和几内亚共和国之间海洋区域的线分别为：

（1）自 Cajet 河最深谷底线和西经 15°06′30″ 线交点开始。

（2）通过恒向线（loxodromes）连接以下各点——

点	北纬	西经
A	10°50′00″	15°09′00″
B	10°40′00″	15°20′30″
C	10°40′00″	15°34′15″

（3）然后从 C 点向外 200 英里的范围内，以 236° 为偏角划定一条恒向线。

第二条

在国家海上管辖范围内的领海，其宽度为 12 海里，自第 2/85 号法案确定的直线基线开始量起。

第三条

1. 在国家海上管辖范围内的专属经济区，其宽度为 200 海里，自上文提到的法案确定的直线基线开始量起。

2. 几内亚比绍享有勘探和开发专属经济区内海洋、大陆架、大陆坡和海床的生物资源与自然资源的专属权利。

第四条

明确禁止任何外国船舶或未取得几内亚比绍共和国政府批准的船舶在专属经济区内捕鱼。

第五条

应根据法律对违反第四条的行为予以处罚。

第六条

任何与本法案不一致的立法特此废止。

第七条

本法案即日起生效。

塞内加尔照会
（1986 年 4 月 2 日）

塞内加尔共和国常驻联合代表团向联合国秘书处致以崇高敬意，并很荣幸地就 1986 年 1 月 6 日 LOS/5/86 号公函中涉及公布几内亚比绍共和国 1985 年 12 月 4 日关于其领海界定的交流一事告知如下：

塞内加尔共和国政府对几内亚比绍共和国 1985 年 5 月 17 日 2 号法令提出正式抗议，该法令第 1 条和第 2 条明显违反国际法。

塞内加尔共和国常驻联合代表团要求秘书处将本抗议传达给所有成员国，并借此机会向联合国秘书处重新致以最崇高的敬意。

1986 年 8 月 21 日几内亚比绍照会：
关于回应塞内加尔 1986 年 4 月 2 日文件

几内亚比绍共和国常驻联合代表团向联合国秘书处致以崇高敬意，并很荣幸地就 LOS/8/86 号公函中涉及塞内加尔共和国政府 1985 年 5 月 2 日对几内亚比绍修改的其领海界定的抗议一事告知如下：

同所有主权国家政府一样，几内亚比绍共和国政府根据国内立法正当地实施其领海界定的权力，并符合直线基线法。

实践中的问题在于，依据几内亚 1985 年 5 月 17 日的法令所划的直线基线并不违反联合国海洋法公约第 7 条所包含的国际法原则。

进一步而言，近陆基线是依据先前法律确立的。它有待于仲裁庭依照 1986 年 6 月 6 日于日内瓦签署的几内亚比绍政府和塞内加尔政府关于海洋边界划界协定进行裁决，并确定两国的基线是否符合国际法原则。

几内亚比绍共和国常驻联合代表团要求秘书处将本函件传达给所有成员国，并借此机会向联合国秘书处重新致以最崇高的敬意。

冰 岛
Iceland

....

关于西部、南部及东部大陆架划界的规章
（1985 年 5 月 9 日第 196 号规章）

第一条

大陆架划界见数据 1。

第二条

国境线向外扩展 200 海里。划定国境线的点的坐标见表 1。

《联合国海洋法公约》第七十六条适用于国境线的界分。

第三条

国境线各部分（数据 1）规定如下：

ABC 部分由冰岛与法罗群岛的中间线界分。

CD 部分由距法罗群岛、大不列颠和爱尔兰 200 海里的分界线界分。

DEF 部分大致为大陆坡坡脚以外 60 海里的线。

FHG 部分由距冰岛 350 海里的分界线界分。大陆架国境线由大陆坡坡脚向外扩展 350 海里。但是，由于该区域位于雷克雅内斯海岭，根据第七十六条，分界线距冰岛不得超过 350 海里。

HIJ 部分由距格陵兰岛 200 海里的分界线界分。

JK 部分由冰岛和格陵兰岛的中间线界分。

第四条

数据 1 中的线和表 1 中的坐标的精确度为 ± 5 海里。

第五条

冰岛与他国之间关于冰岛北部大陆架的精确划定应依据国际法一般准则确定。

第六条

本规章根据 1979 年 6 月 1 日第 41 号法律制定，立即生效。

数据 1

表 1　冰岛 200 海里外区域大陆架分界线

	北纬	西经
J	63°19′N	30°52′W
	62°40′N	32°30′W
I	62°12′N	34°08′W
H	61°34′N	34°55′W
	60°56′N	34°00′W
	60°17′N	33°00′W
	59°41′N	31°00′W
	59°10′N	31°00′W
G	58°52′N	30°08′W
	58°40′N	29°00′W
	58°24′N	28°00′W
	58°13′N	27°00′W
	58°08′N	26°00′W
	57°57′N	25°00′W

续　表

	北纬	西经
F	57°48′N	24°00′W
	57°12′N	25°00′W
	56°34′N	26°00′W
	56°00′N	26°42′W
	55°00′N	27°34′W
	54°00′N	27°50′W
	53°04′N	27°00′W
	52°52′N	26°00′W
	53°06′N	25°00′W
	53°28′N	23°30′W
	52°36′N	23°12′W
	52°00′N	22°40′W
	51°00′N	21°32′W
	50°00′N	20°32″W
	49°48′N	20°00′W
E	49°48′N	19°00′W
	50°00′N	18°25′W
	51°00′N	17°50′W
	52°00′N	17°45′W
	53°00′N	17°30′W
	53°21′N	17°00′W

印度尼西亚
Indonesia

印度尼西亚专属经济区法
（1983 年第 5 号，1983 年 10 月 18 日）

第一章 一般规定

第一条

为本法的目的：

（1）"生物自然资源"是指在印度尼西亚专属经济区水域的海床上发现的所有动物和植物，包括其各种分类。

（2）"非生物自然资源"是指在印度尼西亚专属经济区水域中和海床及其底土中发现的生物自然资源以外的自然物质。

（3）"科学研究"是指在印度尼西亚专属经济区水面、水体、海床及其底土中与有关海洋任何方面的研究相联系的任何活动。

（4）"自然资源的养护"是指旨在保护和保全印度尼西亚专属经济区中自然资源的一切努力。

（5）"海洋环境保护与养护"是指旨在保全与维持印度尼西亚专属经济区海洋生态系统完整的任何努力。

第二章　印度尼西亚专属经济区

第二条

印度尼西亚专属经济区是与适用于印度尼西亚水域的法律所确定的、印度尼西亚领海以外，并与领海相邻的一条海水带，包括了海床、底土及其上覆水域，其外部界限为从印度尼西亚领海基线起算 200 海里。

第三条

1. 如果印度尼西亚专属经济区与另一海岸与印度尼西亚海岸相邻或相向国家的专属经济区重叠时，印度尼西亚与该国专属经济区的界限应由印度尼西亚与相关国家通过协议确定。

2. 在没有本条第 1 款所指协议并且没有其他需要考虑的特殊条件时，印度尼西亚与另一国专属经济区的界限应为中间线，或到印度尼西亚领海基线或印度尼西亚最外部点和到另一国领海基线或最外部点距离相等的线，除非与该国达成印度尼西亚专属经济区边界的临时安排。

第三章　主权权利、其他权利、管辖权与义务

第四条

1. 在印度尼西亚专属经济区内，印度尼西亚共和国应享有并行使：

（1）以勘探和开发、养护和管理海床上覆水域和海床及其底土的自然资源，不论其为生物资源或非生物资源为目的的主权权利，以及关于在该区内从事经济性开发和勘探，比如利用海水、海流和风力生产能的主权权利；

（2）有关下列事项的管辖权：

①人工岛屿、设施和其他结构的建造和使用；

②海洋科学研究；

③海洋环境的保护和保全；

（3）基于《公约》规定的其他权利和义务。

2. 在海床及其底土行使本条第 1 款所指的印度尼西亚的主权权利及其他权利、管辖权与义务时，应按照印度尼西亚大陆架的立法规定，印度尼西亚共和国与邻国的协议以及有效的国际法规则。

3. 在印度尼西亚专属经济区内，国际航行、飞越自由，铺设海底电缆与管道的自由应按照国际海洋法的原则予以尊重。

第四章　印度尼西亚专属经济区内的活动

第五条

1. 在不减损第四条第 2 款规定的情况下，对自然资源的勘探和（或）开发，或以经济性勘探和开发上述自然资源为目的的其他活动，如在印度尼西亚专属经济区内利用海水、海流或风力生产能，只能在印度尼西亚共和国政府的许可下进行，或依照与印度尼西亚共和国政府签订的国际协议进行。上述活动须遵守上述许可或上述国际协议中的条件。

2. 在不减损本条第 1 款规定的情况下，对生物自然资源的任何勘探或（和）开发应遵守印度尼西亚共和国政府关于管理和养护的规定。

3. 如果印度尼西亚共和国政府允许的某种物种的捕捞量超过了印度尼西亚的捕捞能力，在不减损第四条第 2 款规定的情况下，可以允许任何个人、法人或外国政府对印度尼西亚专属经济区内特定区域的生物资源进行任何勘探和（或）开发。

第六条

任何人在印度尼西亚专属经济区内建造或使用人工岛屿或设施或其他结构，须经印度尼西亚共和国政府的许可。上述活动须按照上述许可中的条件进行。

第七条

任何人在印度尼西亚专属经济区内进行任何科学研究活动，须保证其活动应获得印度尼西亚共和国政府的事先同意，而且其活动应按照印度尼西亚共和国政府确定的条件进行。

第八条

1. 在印度尼西亚专属经济区内从事任何活动的任何人有义务采取措施防止、最小化、控制并克服环境污染。

2. 只有在获得印度尼西亚共和国政府的许可后，才可在印度尼西亚专属经济区内排放废物。

第五章 赔 偿

第九条

违反印度尼西亚共和国的法规以及关于人工岛屿、设施或其他结构的国际法，在印度尼西亚专属经济区内从事任何活动并造成损失的任何人应对该损失负责，并向上述人工岛屿、设施和（或）其他结构的所有人进行赔偿。

第十条

在不减损第七条规定的情况下，违反印度尼西亚共和国的法规以及适用于海洋科学研究的国际法规则，在印度尼西亚专属经济区内从事任何活动并造成损失的任何人应对该损失负责，并向印度尼西亚政府进行赔偿。

第十一条

1. 在不减损第八条规定并且适当遵守赔偿的最高限额的情况下，任何人在印度尼西亚专属经济区内引起海洋环境污染并且（或）对自然资源造成损害，应为该污染或损害负责，并应立即支付一定合理数额的赔偿作为海洋环境和（或）自然资源的恢复费用。

2. 如能证明上述海洋环境污染和（或）自然资源的损害是由于以下情况造成的，则可以免除本条第（1）款规定的全部责任：

（1）不可抗拒的自然灾害；

（2）损失全部或部分由第三方的故意或过失造成。

3. 由海洋环境污染和（或）自然资源的损害造成的损失的形态、类型和大小应根据生态调查的结果进行认定。

第十二条

关于第十一条所指的最高赔偿限额、生态调查的方法和损害赔偿应由第二十条提及的法规作出规定。

第六章 执 法

第十三条

在行使第四条第 1 款规定的主权权利、其他权利、管辖权和义务时，印度尼西亚共和国主管执法部门可以按照 1981 年第 8 号《刑事诉讼法典》采取执法措施，但以下几种情况例外：

（1）任何船舶和（或）人员被视为在印度尼西亚专属经济区内从事了违法行为，上述措施应包括扣留船舶直至上述船舶和（或）人员在港口进行移交，以便于提起诉讼。

（2）应尽快移交上述船舶和（或）人员，不得超过 7 天的期限，除非因为不可抗力。

（3）为扣留的目的，第十六条和第十七条所指的犯罪行为应属于 1981 年第 8 号《刑事诉讼法典》第二十一条第 4 款（2）项所指的犯罪行为。

第十四条

1. 在印度尼西亚专属经济区内负责调查的执法机构为印度尼西亚武装部队的海军官员，由印度尼西亚共和国武装部队总司令任命。

2. 原告是本条第 3 款所指的附属于一审法院的公诉人。

3. 有权审理违反本法的法院是指其管辖权包含了第十三条第 1 款所指的扣留船舶和（或）人员的港口法院。

第十五条

1. 对于因被指控从事了违反本法或任何基于本法制定的法规而被逮捕的船舶和（或）人员，可以在主审法院判决前的任何时间提出释放请求。

2. 本条第 1 款所指的释放请求可在请求人缴纳了主审法院确定的保释金后予以准许。

第七章　刑事规定

第十六条

1. 对违反第五条第 1 款、第六条或第七条的任何人应处以最高 2.25 亿卢比*的罚款。

2. 法院在其判决中可以决定没收用以从事本条第 1 款所指的犯罪行为的船舶和（或）设备。

3. 在印度尼西亚专属经济区内故意损害生态环境或污染生态环境的任

---

* 卢比为印度尼西亚货币单位，1 卢比约为 0.1 元人民币。

何人应按照适用于生态环境的法规进行惩罚。

第十七条

对于损坏或破坏从事第十六条第 1 款所指的犯罪行为所使用的证据,并在调查期间避免上述证据被没收的任何人,应处以最高 7 500 万卢比的罚款。

第十八条

第十六和第十七条所指的行为应被视为犯罪。

第八章　过渡性规定

第十九条

本法公布之前颁布的关于生物资源勘探和(或)开发的任何规定应继续有效,直到基于本法的立法对其作出修改。

第九章　最后条款

第二十条

1. 为进一步实施本法,应制定其他法规。

2. 执行本法规定的政府规章可以对违反其规定的行为处以最高 7 500 万卢比的罚款。

第二十一条

本法应自颁布之日起生效。为使本法家喻户晓,本法应在印度尼西亚共和国政府公报上公布。

附录　1983 年第 5 号法令的说明

总　　则

印度尼西亚共和国政府很久以前就意识到,通过利用在专属经济区内发现的一切生物或非生物自然资源来提高印度尼西亚国家的福祉,对于帮助群岛展望的实现有着十分重要的意义。

基于上述内容并为了保障国家利益,特别为了满足印度尼西亚人民对动物蛋白的需求，对非生物资源的利用，对海洋环境的保护和养护以及海洋科学研究，印度尼西亚共和国政府于 1980 年 3 月 21 日颁布了"关于印度尼西亚专属经济区的政府公告"。

国际社会通过第三次联合国海洋法会议和国家实践已经建立了有关专属经济区的国际法，其目标是保护沿海国的利益，防止基于公海制度的捕鱼活动使得与其海岸相邻的海域内自然资源面临枯竭的危险。

另外，在专属经济区内自然资源的利用，海洋环境的保护和海洋科学研究方面，专属经济区也起到了保护国家利益的作用。

《公约》规定了印度尼西亚共和国作为沿海国享有对在专属经济区内发现的自然资源进行勘探和开发的主权权利，以及有关行使该主权权利的管辖权。

另一方面，印度尼西亚有义务尊重他国在其专属经济区内的权利，例如航行与飞越自由以及在专属经济区内铺设海底电缆与管道的自由。

特别的，对于在印度尼西亚专属经济区内发现的生物资源，只要印度尼西亚没有完全利用这些生物资源，任何其他国家可以按照《公约》参与对生物资源的利用。

除公布主要针对其他国家的上述原则与基本政策外，上述原则和基本规则也必须制定在法律中，为在专属经济区行使主权权利、其他权利、管辖权和义务提供坚实的基础。这样也就建立了法律保障。

正是在这种情况下起草了《印度尼西亚专属经济区法》，规定了印度尼西亚共和国在专属经济区内的主权权利、其他权利、管辖权和义务。

本法只规定了基本规则，本法的进一步实施应在其他法规中加以规定。

各项条款

第一条

本法中"生物资源"与渔业法规规定中的"渔业资源"含义相同。

第二条

本条阐明和确认了包含在 1980 年 3 月 21 日《印度尼西亚共和国政府关于印度尼西亚专属经济区的公告》中的印度尼西亚专属经济区的地理定义。

第三条

第 1 款

足够清楚。

第 2 款

本条规定等距离原则适用于印度尼西亚与一个邻国之间专属经济区界限的确定，除非在不损害国家利益时，有特殊情况需要考虑。

上述特殊情况如：存在属于他国的岛屿距离测算印度尼西亚专属经济区宽度的基线不到 200 海里。

第四条

第 1 款

"印度尼西亚主权权利"不同于或不能等同于印度尼西亚对其领海、内水 和内陆水道所享有和行使的完全主权。

基于上述事实，在印度尼西亚专属经济区内施加的处罚不同于在印度尼西亚共和国主权下的水域内实施的处罚。

其他权利依据国际法，包括印度尼西亚共和国执行法律的权利，以及在任何外国船舶在专属经济区内从事了违反印度尼西亚的法规规定时进行紧追的权利。

另一项义务依据国际法是印度尼西亚共和国尊重他国权利的义务，例如航行与飞越自由以及铺设海底电缆和管道的自由。

第 2 款

本条规定对在印度尼西亚专属经济区界限内的海床及其底土发现的生物和非生物资源应当行使印度尼西亚主权权利。该权利的行使应基于适用于大陆架制度的印度尼西亚法规，以及确定印度尼西亚与其海岸相邻或相向的邻国之间的大陆架划界的国际协议。

第 3 款

根据可适用的国际法原则，例如源于国家实践并被第三次海洋法会议采用而规定在《公约》中的原则，在专属经济区内，任何国家，无论沿海国或内陆国，均应享有国际航行与飞越的自由以及铺设海底电缆和管道的自由，并能按照上述自由利用海洋，比如：对船舶与飞机的操作和对海底电缆和管道的维护。

第五条

第 1 款

任何印度尼西亚人或法人在印度尼西亚专属经济区内从事的任何对自然资源的勘探或开发活动，或为勘探和（或）开发的经济目的而从事的任何其他活动，例如利用海水、海流和风力生产能，应经过印度尼西亚共和国政府的批准。

外国、外国人或外国法人从事的上述活动应基于印度尼西亚共和国政府与该外国的国际协议。

上述国际条约或协议的条款中必须指明在上述区域从事勘探或开发活动的人需要遵守的权利和义务，例如向印度尼西亚共和国政府交税。

第 2 款

由于生物资源有可再生的特性，但此种可再生并非无限。因此，根据该特性，对于生物资源的管理和养护，印度尼西亚共和国政府确定了对印度尼西亚部分或全部专属经济区利用的程度。

第 3 款

在养护生物资源的框架下，印度尼西亚有义务保证印度尼西亚专属经济区内生物资源的最高持续产量。

在适当遵守上述最高持续产量下，印度尼西亚也有义务规定生物资源的最高可捕量。

如果印度尼西亚没有能力捕捞上述最高可捕量，他国可依据与印度尼西亚共和国政府签订的国际协议，捕捞可捕量的剩余部分。

假设可捕量规定为 1 000 吨，而印度尼西亚捕捞能力只达到 600 吨，他国可以依据国际协议中印度尼西亚共和国政府的许可参与捕捞剩余的400 吨。

提及第四条第 2 款是为了阐明在专属经济区的海床上发现的定居种生物受大陆架制度的限制［1973 年第 1 号《印度尼西亚大陆架法》第一条（2）项］。因此，该定居种生物不受本条规定的限制。

第六条

根据第四条第 1 款，印度尼西亚共和国对人工岛屿、设施和其他结构的建造、操作和使用，有建造、颁发执照和安排的专属权利。

此外，印度尼西亚对上述人工岛屿、设施和结构有专属管辖权，包括关于实施海关、税收、卫生、安全和移民的立法规定的管辖权。

尽管印度尼西亚对上述人工岛屿、设施和结构有专属管辖权，但是它们不属于国家领土，因此不拥有自己的领海。它们的存在不得影响印度尼西亚领海、专属经济区或大陆架的界限。

第七条

在印度尼西亚专属经济区内的任何海洋科学研究只有在该研究的申请得到印度尼西亚共和国政府事先同意后方可进行。

如果在收到上述申请的 4 个月内，印度尼西亚共和国政府未能说明：

（1）其反对该申请，或者

（2）申请者提供的信息与现实不一致或不完整，或者

（3）申请者在之前的研究项目中的义务尚未履行完毕，则海洋科学研究项目可在印度尼西亚共和国政府收到研究申请的 6 个月内进行。

第八条

第 1 款

保护和养护印度尼西亚专属经济区内的自然资源的权力在国际上是基于现在体现于《公约》中的国家实践；而从国内角度来说，其基础是 1982 年第 4 号《关于生态环境管理的基本规定》。

第 2 款

在海洋中倾倒可引起海洋环境的污染，因此有必要安排倾倒的地点、方式和频率以及依据执照进行倾倒的物质的类型、内容和体积。该倾倒包括垃圾的倾倒和其他可引起海洋环境污染的物质的倾倒。船舶行驶中的正常废物处理不需要许可。

第九条

足够清楚。

第十条

足够清楚。

第十一条

第 1 款

维持环境和谐与平衡的义务的结果是为海洋环境和（或）自然资源的

恢复承担严格责任并进行赔偿的义务。

因此，任何人从事或未能防止他人从事或造成海洋环境污染和（或）自然资源损害应承担上述义务。

"严格责任"指只要发生海洋环境污染和（或）自然资源损害就产生的责任，并且在程序中不需要提供证据。

第 2 款

足够清楚。

第 3 款

赔偿数额应根据海洋环境污染和（或）自然资源损害引起的损失的形式、类型和大小确定。对于该损失的形式、类型和大小的生态调查应由一个包含代表政府、受害者和违法者的成员的机构进行。该特别机构在每个案件中都设立。

第十二条

足够清楚。

第十三条

对于有足够初步证据怀疑在海上从事了违法行为的任何船舶和（或）个人，特别是外国船舶和（或）外国人，可以通过逮捕该船和（或）个人的方式作进一步调查。

对于印度尼西亚国籍的任何船舶和（或）个人，可以给予特别命令使之前往海上调查员指定的港口或基地提起进一步诉讼。

上述逮捕不一定要遵守 1981 年第 8 号《刑事诉讼法典》规定的逮捕时限，即 1 天。因此，对于海上逮捕，需要一段合理时间以保证海上执法机关偕同上述船舶和（或）个人前往任何港口或基地。

7 天的期限被认为是将上述船舶从印度尼西亚专属经济区内最远地带至或拖至任何港口或基地的最长时间。

1981 年第 8 号法律尚未对因依据本法的犯罪行为进行扣留作出规定，但对因上述犯罪行为进行扣留是保证案件进一步诉讼的方法。

在这种情况下，尽管可以处罚的形式是罚金，但由于其属于犯罪，该犯罪行为应属于 1981 年第 8 号《刑事诉讼法典》第二十一条第（4）款第（b）项所指的犯罪行为。

第十四条

第 1 款

可以任命担任调查员的印度尼西亚武装部队的海军军官为船长、海军区域指挥官、基地指挥官和海军驻地指挥官。任命印度尼西亚武装部队海军军官为印度尼西亚专属经济区的调查机构符合 1982 年第 20 号法律《印度尼西亚共和国防御与安全基本规则》第三十条第（20）款以及 1983 年第 27 号政府规章《关于 1981 年第 8 号法案〈刑事诉讼法典〉的执行》第十七条。

第 2 款

足够清楚。

第 3 款

足够清楚。

第十五条

第 1 款

可以对因被怀疑从事了违法行为而被逮捕的船舶和（或）人员提出释放请求。根据惯例，请求应由外国船旗国的公使馆、该船舶的所有人或船长或与船舶或人员有任何工作或商业关系的人根据法定证据提出。

第 2 款

保释金根据船舶的价值及装备和活动的收益确定，并按罚金的最高限额增长。

第十六条

第 1 款

足够清楚。

第 2 款

足够清楚。

第 3 款

足够清楚。

第十七条

足够清楚。

第十八条

足够清楚。

第十九条

足够清楚。

第二十条

足够清楚。

第二十一条

足够清楚。

第 3260 号印度尼西亚共和国补充性政府公报。

马 达 加 斯 加
Madagascar

....

**1985 年 9 月 16 日关于马达加斯加民主共和国海洋区域
（领海、大陆架和专属经济区）划界的第 85-013 号法令**
（经 1985 年 12 月 11 日第 85-013 号法律修改并批准）

第一条

马达加斯加民主共和国行使主权的领海为从基线量起 12 海里的范围。

第二条

用来测算领海宽度的基线应由法令来确定。

第三条

马达加斯加民主共和国设定一个从基线量起 24 海里的毗连区，并可在该区域内采取必要措施，防止发生违反其海关、财政、移民和卫生法律与规章的行为，并对违反这些法律和规章的行为进行惩罚。

第四条

马达加斯加民主共和国的专属经济区为从测算领海宽度的基线量起 200 海里的区域。

如果马达加斯加民主共和国基线和一个或多个相邻国家基线之间的距离小于 400 海里，则各自的专属经济区范围应由马达加斯加与该国或与这些国家的协议确定。

第五条

专属经济区应包括第四条划定的区域内的海床、底土及其上覆水域。

在该区域内，马达加斯加民主共和国应享有：

（1）以勘探、开发、养护和管理海床上覆水域、海床及其底土的自然资源（不论是生物资源还是非生物资源）为目的的主权权利，以及关于在该区域内从事经济性开发和勘探的其他活动的主权权利，如利用海水、海流和风力生产能等；

（2）有关人工岛屿、设施和结构的建造与使用，海洋科学研究，海洋环境的保护与保全的管辖权。

第六条

禁止第三国国民在未取得马达加斯加民主共和国政府批准的情况下勘探或开发第四条确定的区域。

第七条

马达加斯加民主共和国的大陆架应包括领海以外的海床及其底土，从测算领海宽度的基线量起扩展到 200 海里的距离，或者到与邻接国家间的协定确定的边界处或 2 500 米等深线外 100 海里处。

第八条

马达加斯加民主共和国行使主权的内海水域的边界如下：

（1）在向海一侧，为根据 1963 年 2 月 27 日颁布的 63–131 号法令确定的用来测算领海宽度的直线基线；

（2）在陆地，为高潮标。

第九条

在本法令中，高潮标指海潮最高时海水到达的最远的点，但暴雨时除外。它们可以在海岸或海湾、泊船处、海港和港口等处，也可以在与海水相连的运河、水道、盐湖、潟湖和池塘等处，在存在河流的情况下，位于海洋的横截线处。

第十条

在河口处，海洋的边界由一条构成海岸线且在河口两侧自然延伸的虚线组成，下一条规定指定的河流状况除外。

第十一条

在一些供出海的船舶航行使用的江口和河口处，海洋的边界应溯河向上，移动至这些船舶通行的第一个自然或人造的障碍处。每条河的边界如下表所示。

河流名称	标明边界	Laborde 网格坐标
Ambazoana	Ambatoharanana 桥 RIGN NO.11 Ambanja 桥	X=644，200 Y=1393，500 X=618，200 Y=1376
Djangoa	Ambanja 路桥 Maromandia	X=605，800 Y=1365，400
Andranomalaza	Maromandia 渡口 Maromandia 路 Befotaka 渡口	X=578 Y=1318，500 X=527，400 Y=1283，500
Laloza	Antsohihy 港	X=566，200 Y=1245，500
Mahajamba	Mahajamba 河和 Mahajambakely 河交点	X=472，500 Y=1163，400
Andranoboka	Andranoboka 村	X=448 Y=1163
河口	Marovoay Betsiboka 西	X=418 Y=1107
Namakia	Namakia 村	X=335，800 Y=1130，200
Andemaka	Andemaka 村	X=322 Y=1144
Mahavavy	Mahavavy 河上的 Mahavavy 桥	X=341，500 Y=1128
Andasibe-Mahombo	Ankasakasa 村	X=232 Y=1080
Sambao	Sambao 河和 Koja 河的交点	X=199 Y=1050
Manongoza	Besalampy 桥	X=193 Y=1037，800

续 表

河流名称	标明边界	Laborde 网格坐标
Ranobe	Ranobe 河上的 Berevo 村	X=170 Y=985
Soaninana	Soatanana 村	X=189 Y=814
Tsiribihina	Belo on the Tsiribihina	X=202 Y=709
Antanambalana	Ambinanitelo 村	X=734 Y=1170

第十二条

在第十一条列举的河流和小溪中，海洋的边界为下列线中的较远者：

（1）正常海潮最高时达到的线；

（2）周期性和季节性海潮最高时达到的线。

第十三条

1960 年 9 月 21 日第 60-099 号法令第四条 C-36 项规定的几何间距区域不适用于本法令第十一条列举的河流和小溪，同时也不适用于本法令第九条规定的水域。

第十四条

所有与本法令相冲突的规定，特别是 1973 年 9 月 28 日划定马达加斯加共和国领海和大陆架边界的第 73-060 号法令，特此废除。

第十五条

本法令将发布在共和国的官方公报上。

本法令将作为国家法律予以实施。

马达加斯加民主共和国官方公报

1985 年 12 月 21 日第 1720 号

墨西哥
Mexico

....

关于海洋的联邦法
（1986 年 1 月 8 日）

墨西哥合众国颁布以下法律：

第一部分 一般规定

第一章 本法的适用范围

第一条

关于墨西哥海域，本法规定与《墨西哥合众国政治宪法》第二十七条第 4 款、第 5 款、第 6 款和第 8 款有关。

第二条

本法在范围上属于联邦法。它支配构成国家领土一部分的海域，并适用于在该领土范围之外由国家行使主权权利、管辖权和其他权利的海域。它的规定属于公共事务范围，处于国家民主计划体制的框架内。

第三条

墨西哥海域是：

（1）领海；

（2）内水；

（3）毗连区；

（4）专属经济区；

（5）大陆架与岛屿陆架；

（6）国际法允许的任何其他区域。

第四条

在前条列举的区域中，国家得依据《墨西哥合众国政治宪法》和国际法，行使其获得的权力、权利、管辖权和职能。

第五条

外国及其国民在第三条列举的区域中活动时，应尊重本法为每个区域作出的规定以及附带的权利和义务。

第六条

根据本法，对以下事项得依据《墨西哥合众国政治宪法》、国际法和可适用的国内法，行使在相关海域范围内的国家主权和主权权利、管辖权和职能：

（1）海洋工事，包括人工岛屿、设施和结构；

（2）适用于海洋生物资源的制度，包括其保护和利用；

（3）适用于海洋非生物资源的制度，包括其保护和利用；

（4）海洋经济发展，包括利用溶于水中的矿物，从海水、水流和风中获取电能和热能，利用海上太阳能，发展海岸区域，海水养殖，建立国家海洋公园，推动娱乐业和旅游业的发展以及建立捕鱼群体；

（5）海洋环境的保护和保全，包括污染的防止；

（6）海洋科学研究。

第七条

联邦政府应当负责通过联邦公共管理机构的各分支实施本法。根据《组织法》和其他普遍性立法规定，这些分支机构在被授权的基础上是国内主管机关。

第八条

联邦政府可以依据国际法与邻国谈判、协定，从而划定墨西哥海域和处于相关国家海洋管辖权下的邻接区域在重叠部分的界限。

第九条

墨西哥海域不应超出其上各点与测量邻国领海宽度的基线上最近各点距离相等的中间线，除非与该国另有协定。

联邦政府不同意邻国超出其上各点与测量邻国领海宽度的基线上最近各点距离相等的中间线而单方面地扩展其海域。在此种情况下，联邦政府应与该邻国寻求谈判，以便达成双方均可接受的解决方法。

第十条

在《墨西哥合众国政治宪法》和国际法的限制下，对本法授予外国船舶的权利的享有取决于船旗国对待本国船舶的互惠措施。

第十一条

联邦政府应确保与他国的关系是以国际互惠原则为基础的，因为对于各国及其国民严格依据国际法从事的任何活动，该原则既适用于墨西哥海域也适用于他国建立的相应海域。

第十二条

国家应承认与他国严格依据国际法并以互惠为基础划定海洋界限的行为。

第十三条

联邦政府应确保国家主管机关遵守可适用的承认内陆国使用其旗帜的权利的国际规则。

第二章　海 洋 设 施

第十四条

人工岛屿、设施和结构不应有其自身的领土，并且其存在不影响领海、专属经济区和大陆架的划界。

第十五条

国家得对专属经济区内、大陆架和岛屿陆架上的人工岛屿、设施和结构行使专属管辖权，包括与海关、财政、卫生、安全和移民规章有关的管辖权。

第十六条

依据本法和《普通国家财产法》《公共设施法》以及其他现行有效规定，国家得对在墨西哥海域内建造以及授权和管理建造、操作和使用人工岛屿、设施和结构行使专属权利。

第十七条

建造、设置、保全、维护、修理和拆除用于勘探、定位、钻探、提取和开发海洋资源或为了墨西哥海域内公共服务或共同使用的不动产，应适当顾及与此有关的现行立法规定。

第三章　资源与海洋经济发展

第十八条

本法的适用应严格遵守与渔业有关的立法、根据该立法制定的规定，以及与本国人或外国人在墨西哥海域保护和利用生物资源的措施有关的其他可适用的规定。

第十九条

勘探、开发、加工、研制、提炼、运输、储存、分配和销售墨西哥海域中的海底碳氢化合物和矿产，应依据《墨西哥合众国政治宪法》第二十七条的调整性规则、石油与矿物质分类和各相关规章，以及可适用的本法规定。

第二十条

除了本部分前两条规定的活动，涉及墨西哥海域的开发、使用和经济发展的任何活动应依据《墨西哥合众国政治宪法》第二十七条第4款、第5款和第6款，本法，以及可适用的其他法律和规章。

第四章　海洋环境的保护和保全以及海洋科学研究

第二十一条

在行使国家在墨西哥海域中的权力、权利、管辖权和职能时，为防止、减少和控制对海洋环境的污染，应适用：《联邦环境保护法》《普通健康法》及其相关规章、《联邦水法》和可适用的有效或即将通过的其他法律和规章，包括本法、本法规章以及国际法相关规则。

第二十二条

在墨西哥海域进行科学研究应适用以下原则：

（1）只为和平目的进行；

（2）以符合本法、可适用的其他规定和国际法的适当科学方法和手段进行；

（3）不应不正当地干涉符合本法和国际法的海洋其他合法用途；

（4）应尊重有关保护和保全海洋环境的所有法律和规章；

（5）不应构成主张海洋环境及其资源的任何部分的任何法律基础；

（6）若依据本法准许外国人从事这些活动，应尽可能确保本国国民的参与；

（7）在前项规定提及的情况下，国家应确保其收到研究结果，并且如果有要求，可获得解释和评价该研究结果的必要协助。

第二部分　墨西哥海域

第一章　领　　海

第二十三条

国家得对被视为领海的一带海域行使主权，该海域邻接国家大陆海岸和内水。

第二十四条

国家主权及于领海的上空以及海床和底土。

第二十五条

墨西哥领海的宽度应是根据本法及其规章规定测量的12海里（22 224米）。

第二十六条

领海界限应从依据本法的规章确定的正常基线、直线基线或混合两者的基线测量。

第二十七条

领海外部界限应是其上各点与依据本法第二十六条及其规章的相关条

款构成领海内部界限的线上最近点距离为 12 海里（22 224 米）的线。

第二十八条

依据《墨西哥合众国政治宪法》第二条的规定，外国船舶上的任何奴隶进入领海，应仅依据本法获得自由并享受法律提供的保护。

第二十九条

所有国家，不论沿海国还是内陆国，其船舶享有无害通过墨西哥领海的权利。

第三十条

如果外国军舰不遵守与通过领海有关的本法规定、本法规章以及其他国内立法规定，并且无视对其提出的与遵守这些法律法规有关的规定的要求，可以要求该外国军舰立即离开墨西哥领海。

第三十一条

联邦政府得要求船旗国承担下列责任：军舰或用于非商业目的的其他政府船舶不遵守有关通过领海的国内法律和规章、本法及其规章的规定以及可适用的其他国际法规则而导致的本国国民的任何损失或损害。

第三十二条

除本部分规定的例外，本法任何规定不妨碍外国军舰和用于非商业目的的其他政府船舶的豁免，因为它们只受船旗国的管辖，也不妨碍在互惠基础上授予用于商业目的的政府船舶的豁免。

第三十三条

根据墨西哥合众国的相关国际义务，外国飞机飞越领海上空应受国内立法的限制，并且根据《普通通信法》和其他现行立法规定，外国飞机的检查、操纵和控制应受联邦政府专属管辖权和职能的限制。

第二章　内　　水

第三十四条

国家得在作为内水的海域内行使主权，该海域从国家大陆和岛屿海岸到墨西哥领海。

第三十五条

国家主权应及于内水的上空以及海床和底土。

第三十六条

根据本法规章的相关规定，内水被视为封闭在海岸和测量领海的正常基线或直线基线之间的海域，包括：

（1）加利福尼亚海湾北部；

（2）内海湾的海水；

（3）港口海水；

（4）珊瑚礁的内水；

（5）永久或临时与海相连的河流、淡水湖和河口湾的入口或三角洲的海水。

第三十七条

若依据本法规章的规定，海岸低潮线未被作为测量领海的基础标记在墨西哥合众国官方承认的大比例尺海图上，内水的内部界限应与海岸低潮线重合。

第三十八条

为内水内部界限的目的，低潮线应是沿国家大陆和岛屿海岸，海水在特定时间到达的一条潮汐最大涨落线。

第三十九条

内水的外部界限应与测量领海的基线准确地重合，该界限标示在墨西哥合众国官方承认的大比例尺海图上。

第四十条

根据本法第八条和第九条以及本法规章的相关条款，在邻接邻国管辖权下的海洋区域内，内水的划界应视为包含在墨西哥领海与处于该邻国管辖权下的领海或其他海域之间已达成或已同意的划界中。

第四十一条

根据事实情况，在内水中航行的外国船舶应遵守本法、本法规章以及可适用的共和国其他立法。

第三章 毗 连 区

第四十二条

在毗连领海称为毗连区的海域中，国家得享有或行使为以下事项所必要的控制：

（1）防止在墨西哥领土、内水或领海中违反可适用的本法规则、本法规章，以及海关、财政、移民或卫生的法律和规章；以及

（2）惩罚在墨西哥领土、内水或领海中违反上述法律和规章的行为。

第四十三条

墨西哥毗连区应从依据本法第二十六条和本法规章的相关规定测量墨西哥领海宽度的基线起延伸 24 海里（44 448 米）。

第四十四条

毗连区的内部界限应与根据本法第二十七条和本法规章的相关规定确定的领海外部界限准确地重合，该界限标示在墨西哥合众国官方承认的大比例尺海图上。

第四十五条

墨西哥毗连区的外部界限应是其上各点与根据本法第二十六条确定的领海基线上最近点距离 24 海里（44 448 米）的一条线。

第四十六条

在位于领海之外且邻接领海的专属经济区内，国家得行使：

（1）以勘探、开发、养护和管理海床上覆水域和海床及其底土的自然资源（不论是生物或非生物资源，可再生或不可再生资源）为目的，以及关于在该区域内从事经济性开发和勘探，如利用海水、海流和风力生产能的主权权利。

（2）本法相关规定、本法规章和国际法规定的对下列事项的管辖权：

（a）人工岛屿、设施和结构的建造和使用；

（b）海洋科学研究；

（c）海洋环境的保护和保全。

（3）本法、本法规章和国际法规定的其他权利和义务。

第四十七条

在专属经济区中行使国家权利和管辖权以及履行国家义务时，联邦政府

应确保墨西哥适当顾及其他国家的权利和义务，并以符合国际法的方式行事。

第四十八条

在专属经济区中，联邦政府应尊重外国享有航行与飞越自由、敷设海底电缆管道的自由，以及与这些自由有关的海洋其他国际合法用途，诸如同船舶和飞机的操作及海底电缆和管道的使用有关的并符合本公约其他规定的那些用途。

第四十九条

联邦政府应确保外国在专属经济区中行使权利和履行义务时适当顾及国家的权利、管辖权和义务，并遵守根据宪法和可适用的国际法规则制定的本法、本法规章以及其他国内规章。

第五十条

墨西哥专属经济区应从依据本法第二十六条测量领海宽度的基线起延伸 200 海里（370 400 米）。

第五十一条

岛屿应有专属经济区，但人类不能居住或不能维持人类经济生活的礁石不能有专属经济区。

第五十二条

专属经济区的内部界限应与依据本法第二十六条和本法规章的相关规定确定的领海外部界限重合，该界限标示在墨西哥合众国官方承认的大比例尺海图上。

第五十三条

墨西哥专属经济区的外部界限应是一条其上各点与依据本法第二十六条确定的领海基线上最近点距离 200 海里（370 400 米）的线。

第五十四条

相应地，专属经济区的外部界限为连接公布在 1976 年 6 月 7 日联邦政府公报上的法令中的各地理坐标点的一系列弧线，该界限标示在墨西哥合众国官方承认的大比例尺海图上。

第五十五条

在本法相关规定、本法规章和国际法的限制下，联邦政府应确保尊重所有国家（不论是沿海国还是内陆国）在墨西哥专属经济区内的航行与飞越的自由。

第五十六条

联邦政府应采取适当的管理和养护措施，使生物资源免受过度开发的危害；应决定专属经济区中生物资源的可捕量，并在不妨碍以上需要的情况下促进这些资源利用的最大化。若本国船舶没有能力捕捞某一种群的全部可捕量，联邦政府考虑到本国利益并依据《墨西哥渔业法》的规定，应准许其他国家捕捞可捕量的剩余部分。

第四章 大陆架或岛屿陆架

第五十七条

国家得对大陆架和岛屿陆架行使以勘探和开发自然资源为目的的主权权利。

第五十八条

前一条提及的国家主权权利应是专属的，即如果墨西哥不勘探大陆架和岛屿陆架或不开发其自然资源，任何人未经国家主管机关的明示同意不得进行这些活动。

第五十九条

第五十七条提及的国家的主权权利不依赖于对大陆架和岛屿陆架的占有，不论是现实的还是观念上的。

第六十条

国家对大陆架和岛屿陆架的权利不影响其上覆水域或那些水域上空的法律地位。

第六十一条

国家对大陆架和岛屿陆架权利的行使不得妨碍本法、本法规章和国际法规定的他国的航行自由以及其他权利和自由，或导致对这些权利和自由的任何不合理妨碍。

第六十二条

根据国际法的规定，墨西哥大陆架和岛屿陆架应包括其领海以外依其陆地领土的全部自然延伸，扩展到大陆边外缘的海底区域的海床和底土。如果从测算领海宽度的基线量起到大陆边外缘的距离不到 200 海里，则大陆架扩展到 200 海里的距离。前述定义包括构成国家领土的岛屿、小岛和礁石的陆架。

第六十三条

岛屿应有岛屿陆架，但人类不能居住或不能维持人类经济生活的礁石不能有大陆架。

第六十四条

墨西哥大陆架和岛屿陆架的内部界限应与依据本法第二十六条和本法规章的相关规定确定的领海底土的外部界限准确地重合，该界限标示在墨西哥合众国官方承认的大比例尺海图上。

第六十五条

对于墨西哥大陆架和岛屿陆架，若它们的大陆边外缘从测量领海的基线量起不超过 200 海里的地方，则这些陆架的外部界限应与依据本法第五十三条和第五十四条规定的专属经济区底土的外部界限准确地重合，该界限标示在墨西哥合众国官方承认的大比例尺海图上。

过渡性条款

第一条

本法应于联邦政府公报公布之日生效。

第二条

本法得取代在 1976 年 1 月 13 日政府公报上公布的有关专属经济区的《墨西哥合众国宪法》第二十七条第 8 款的调整性规定。

第三条

本法应取代所有与之抵触的现行法律规定。本法未规定的与国家管辖权下的海域有关的事项应受与本法不抵触的现行国内立法调整。

第四条

违反本法规定的，应根据适用于各种事务的国内法令，受到国家主管机关的处罚。

荷 兰
Netherlands

荷兰领海（划界）法案
（1985 年 1 月 9 日）

第一节

1. 荷兰领海应延伸至一条其每一点同沿岸低潮线最近点向海一面距离为 12 海里（22 224 米）的直线。附加条件是：如果在高潮时没入水中但在低潮时四面环水并高于水面的自然形成的高地位于低潮线到上述距离之内的位置，领海应当从距离该高地低潮线最近的点起测量。

2. 低潮线指的是在国防部发布的荷兰大比例尺海图中指示的零米等高线。

第二节

1. 荷兰的内水和领海的分界线由以下两部分共同组成：沿海岸测量的低潮线以及以下第 2 条和第 4 条所涉及的基线。如果后者不在向海一面，则以前者为准。

2. 基线应以下列基点之间的大圆弧所代表的最短路线为起讫点：

a. 西斯海尔德河河口：

点 A，即荷兰、比利时陆地分界线和低潮线的交叉点，为本法之目的，坐标为 51°22′25.0″N，3°21′52.5″E。

点 B，位于瓦尔赫伦岛海岸的 Molenhoofd 灯塔，51°31′38.1″N，3°26′07.9″E。

b. 在登海尔德和特克赛尔岛之间：

点 C，登海尔德的 Kijkduin 灯塔，52°57′22.5″N，4°43′39.8″E。从此至

点 D，位于诺德哈克斯岛，52°58′24.0″N，4°39′30.0″E。从此至

点 E，特克赛尔岛的 Loodsmansduin（参见方向表），53°01′21.2″N，4°43′45.6″E。

c. 在特克赛尔岛和弗里兰岛之间：

点 F，特克赛尔岛上的 Eierland 灯塔，53°10′58.4″N，4°51′23.7″E。

点 G，弗里兰岛上的避难所，53°13′27.6″N，4°53′12.3″E。

d. 在弗里兰岛和泰尔斯海灵岛之间：

点 H，弗里兰岛上的 Vuurduin 灯塔，53°17′47.7″N，5°03′34.3″E。

点 J，泰尔斯海灵岛上的 Brandaris 灯塔，53°21′39.8″N，5°12′55.9″E。

e. 在泰尔斯海灵岛和阿默兰岛之间：

点 K，泰尔斯海灵岛上的 Noordkaap 信号浮标，53°26′40.6″N，5°32′47.1″E。

点 L，阿默兰岛上的灯塔，53°26′59.9″N，5°37′37.2″E。

f. 在阿默兰岛和斯希蒙尼克岛之间：

点 M，阿默兰岛东点的海岬，53°27′50.0″N，5°55′49.4″E。

点 N，斯希蒙尼克岛灯塔，53°29′15.3″N，6°08′52.1″E。

g. 在斯希蒙尼克岛和罗蒂默岛之间：

点 O，斯希蒙尼克岛东南点的海岬，53°29′50.5″N，6°17′56.1″E。从此至

点 P，Boschplaat 信号浮标，53°31′48.9″N，6°27′42.4″E。从此至

点 Q，罗蒂默岛大海岬，53°32′39.1″N，6°34′39.0″E。

3. 第 2 条中点 A 至 Q 的位置由欧洲坐标的经纬度表示（1950 年第一次修订）。

4. 在马斯河的河口，斯海弗宁恩和艾默伊登的港口，基线为码头信号灯（灯塔）之间的直线连线。

第三节

1. 领海的单边界线，应由领海与荷兰邻接的国家同荷兰达成的协议决定。

2. 根据荷兰法律规定，埃姆斯河的河口的内水与领海之分界线，应为位于 53°32′39.1″N，6°34′39.0″E 的罗蒂默岛大海岬与位于 53°35′22.2″N，6°39′48.3″E 的博尔库姆岛大灯塔之间的直线连线。但是，该直线连线进入荷兰的领土内的，则不适用此规定。

第四节

《侵扰法案》（1981 年《法案、行政命令和法令公告》，第 410 号）的第 38 节第 4 小节，最后一个句号变为分号，且在其后应当插入以下语句："c. 为获取许可而设立下属机构的公司机构，应遵循《大陆架采矿法案》第 2 节之规定（1965 年《法案、行政命令和法令公告》，第 428 号）。"

第五节

1919 年《工厂法》（《法案、行政命令和法令公告》，第 624 号）第 1 节第 1 小节，最后一个句号变为分号，且在其后插入以下语句："《大陆架采矿法案》（1965 年《法案、行政命令和法令公告》，第 428 号）第 26 节第 1 小节 b 分小节所称的由人执行的工作。"

第六节

1934 年《工业安全法》（《法案、行政命令和法令公告》，第 352 号）第 38 节第 1 小节，最后一个句号变为分号，且在其后插入以下语句："f.《大陆架采矿法案》（1965 年《法案、行政命令和法令公告》，第 428 号）第 26 节第 1 小节 b 分小节所称的由人执行的工作。"

第七节

《劳动条件法》（1980《法案、行政命令和法令公告》，第 664 号）第 2 节第 6 小节，b 分小节变更为 c 分小节，且在 a 分小节后插入以下语句："b《大陆架采矿法案》（1965 年《法案、行政命令和法令公告》，第 428 号）第 26 节第 1 小节 b 分小节所称的由人执行的工作。"

第八节

本法案生效 1 年后，《土地迁移法》（1965《法案、行政命令和法令公告》，第 509 号）将不再适用于本法案所涉及的领海区域。

第九节

1. 自载有本法案的《法案、行政命令和法令公告》发布之日起 3 个月后的第一天，本法案生效。

2. 本法案可作为《荷兰领海法（划界）》被适用。

我们要求并命令本法案在《法案、行政命令和法令公告》中发表，且要求本法案所涉及的内阁部门、当局、个人和行政人员勤勉执行本法案。

荷属安的列斯群岛领海（延伸）法案
（1985 年 1 月 9 日）

第一节

根据普通行政命令确立的规则，荷属安的列斯群岛领海应当延伸至 12 海里。

第二节

1. 本法案生效的日期待定。

2. 本法案称为《荷属安的列斯群岛领海（延伸）法案》。

关于《荷属安的列斯群岛领海（延伸）法案》
第一节的实施管理的法令
（1985 年 10 月 23 日）

第一条

1. 荷属安的列斯群岛领海延伸到距离每个基准点 12 海里的连线区域，也即距基准点 22 224 米的连线区域。距离基准点的长度的测量，以下列方式为准：从距海岸线的低潮线之最近点向海测量；或者从基线向海测量；或者依本法案第三条和第四条所规定的封闭线向海测量。本法案第三条和第四条的附带内容规定：如果当满潮时能够被海水包围的自然形成的低潮高地包括在这段距离中时，则领海的测量以距上述低潮高地的低潮线的最近点为准。

2. 低潮线应当是零米等高线。如果没有零米等高线，则以海岸线或者在荷兰大比例尺海图中所标明的礁石低潮线边缘代替。

第二条

沿海岸低潮线，以及本法案第三条和第四条所涉及的包括在向海低潮线之内的基线，共同组成荷属安的列斯群岛内水与领海之分界线。

第三条

1. 直线基线应当按照大圆弧的弧线进行绘制，即连接阿鲁巴岛南海岸下列点的最短距离：

	位　置	点　序	北　纬	西　经
a	起点	A1	12°32′30″	70°03′41″
	经由	A2	12°31′30″	70°02′55″
	终点	A3	12°30′30″	70°01′59″
b	起点	A4	12°29′08″,5	70°00′28″,5
	终点	A5	12°28′58″	70°00′10″,5
c	起点	A6	12°27′00″	69°57′02″,5
	终点	A7	12°26′54″,5	69°56′57″,5

续 表

位　置	点　序	北　纬	西　经
起点	A8	12°26′25″,5	69°56′01″,5
经由	A9	12°26′03″,5	69°55′10″
终点	A10	12°25′56″	69°54′50″
起点	A11	12°25′34″,5	69°54′10″,5
经由	A12	12°25′04″	69°53′39″
终点	A13	12°25′02″	69°52′59″

（d 对应前三行，e 对应后三行）

2. 点 A1 至 A13 的地理位置由南美坐标的经纬度表示（1956 年南美临时基准）。

第四条

1. 封闭线按照下列海湾天然入口划定：

（注：考虑到地名译成汉语之后，很难再翻译成对应的英文，为方便读者，保留了英文原文。）

a. 位于阿鲁巴岛上的位置：

位　置	点　序	北　纬	西　经
（ⅰ）Boca di Pos	1	12°34′39″,5	70°00′01″,4
di Noord	2	12°34′37″,0	69°59′58″,0
（ⅱ）Boca Mahos	1	12°33′22″,9	69°58′21″,1
	2	12°33′21″,4	69°58′17″,3
（ⅲ）未命名海湾，距（ⅱ）东南 0.3 海里	1	12°33′18″,5	69°58′09″,2
	2	12°33′14″,5	69°58′05″,0
（ⅲa）海湾，Andicuri 最南端	1	2°32′27″,3	69°56′34″,7
	2	12°32′24″,7	69°56′30″,7
（ⅳ）Daimari	1	12°32′05″,4	69°56′12″,7
	2	12°32′01″,9	69°56′09″,0
（ⅴ）Dos Playa	1	12°30′38″,2	69°54′57″,5
	2	23°30′31″,8	69°54′52″,2
（ⅵ）Boca Druif	1	12°30′13″,6	69°54′22″,8

位　　置	点　　序	北　　纬	西　　经
	2	12°30′10″,9	69°54′18″,4
（vii）Boca Pries	1	12°30′09″,0	69°54′17″,1
	2	12°30′03″,1	69°54′11″,9
（viii）Boca Grandi	1	12°26′41″,7	69°52′07″,9
	2	12°26′27″,2	69°52′08″,6
（ix）Klein Lagoen	1	12°24′56″,1	69°52′41″,1
	2	12°24′54″,3	69°52′50″,3

b. 位于博奈尔岛和小博奈尔岛上的位置：

位　　置		北　　纬	西　　经
（i）Boca Onima	1	12°59′29″,1	68°18′31″,8
	2	12°15′27″,5	68°18′27″,9
（ii）Lagun	1	12°11′09″,7	68°12′27″,9
	2	12°11′01″,3	68°12′27″,0
（iii）Boca Washi Kemba	1	12°10′38″,6	68°12′20″,9
	2	12°10′35″,4	68°12′20″,4
（iv）Lac	1	12°06′22″,3	68°13′10″,7
	2	12°06′14″,5	68°13′18″,9

c. 位于库拉索岛上的位置：

位　　置		北　　纬	西　　经
（i）Bartolbaai	1	12°20′11″,7	69°03′31″,9
	2	12°20′07″,2	69°03′30″,0
（ii）Playa Grandi	1	12°19′07″,6	69°03′05″,1
	2	12′18′56″,7	69°03′05″,6
（iii）Boca Ascension	1	12°16′45″,5	69°02′52″,7
	2	12°16′37″,4	69°02′50″,2

位 置		北 纬	西 经
（iv）Boca Playa Canoa	1	12°10′45″,0	68°51′56″,0
	2	12°10′45″,4	68°51′47″,4
（v）Bay near Landhuis	1	12°09′39″,9	68°49′39″,4
Santa Catarina	2	12°09′39″,5	68°49′38″,1
（vi）St.Jorisbaai	1	12°08′00″,7	68°48′14″,8
	2	12°07′51″,5	68°48′10″,6
（vii）Awa Di oostpunt	1	12°02′46″,3	68°44′07″,9
	2	12°02′44″,0	68°44′13″,8
（viii）Fujkbaai	1	12°03′07″,1	68°49′44″,5
	2	12°03′09″,6	68°49′49″,2
（ix）Spaanse Haven	1	12°03′58″,9	68°50′55″,0
	2	12°03′59″,2	68°51′08″,0
（x）Caracasbaai	1	12°04′13″,0	68°51′34″,9
	2	12°04′26″,0	68°52′16″,5
（xi）St.Annabaai	1	12°06′25″,3	68°56′01″,5
	2	12°06′28″,5	68°56′11″,5
（xii）Piscaderabaai	1	12°07′24″,0	68°58′05″,7
	2	12°07′33″,2	68°58′08″,3
（xiii）Boca Grandi	1	12°15′03″,3	69°06′21″,8
San Juan Baai	2	12°15′12″,3	69°06′27″,9
（xiv）Boca Sta.Maria	1	12°16′16″,2	69°07′36″,5
	2	12°16′17″,4	69°07′37″,7

d. 位于萨巴岛上的位置：

位 置		北 纬	西 经
（i）Cove Baai	1	17°38′34″,3	63°13′07″,1
Spring Baai	2	17°38′13″,5	63°13′02″,8

位　　置		北　　纬	西　　经
（ ii ）Core Gut Baai	1	17°37′50″,7	63°13′00″,8
	2	17°37′43″,6	63°13′06″,0
（ iii ）Fort Baai	1	17°36′53″,8	63°15′08″,3
	2	17°36′56″,7	63°15′11″,4

e. 位于圣马丁岛上的位置：

位　　置		北　　纬	西　　经
（ i ）Groot Baai	1	18°00′16″,2	63°02′39″,8
	2	18°00′43″,0	63°03′38″,2
（ ii ）Klein Baai	1	18°00′44″,9	63°03′41″,3
	2	18°00′57″,1	63°04′12″,8
（ iii ）Simson Baai	1	18°01′36″,9	63°05′50″,8
	2	18°01′53″,8	63°06′57″,1

2. 上述第 1 款中 a、b、c 项下的各点位置由南美坐标表示（1956 年南美临时基准），d、e 项下的各点位置由 1927 年南美基准表示。

第五条

1. 如果两国达成协议的边界位于距离测算领海的基线 12 海里以内，该边界应标志领海的外部边界线。

2. 如果两国未就边界达成共识，领海的边界线应为一条其每一点都同测算两国中每一国领海宽度的基线上最近各点距离相等的中间线。

第六条

本行政命令自其在《法案、行政命令和法令公告》上公布后的次月第一日起生效。

阿 曼
Oman

....

领海、大陆架和专属经济区皇家法令
（1981 年 2 月 10 日）

领　海

第一条

阿曼苏丹国对其领海、领海上空及其海床和底土行使完全的主权，并与他国船舶和飞机通过国际海峡的无害通过原则和阿曼其他相关法律和规章保持一致。

第二条

阿曼的领海向海一侧延伸 12 海里，根据下列标准和规则测量：

（1）领海的外部界限是其上各点到基线的最近各点的距离为 12 海里的一条线。

（2）除本法另有规定，测算领海宽度的正常基线是陆地或岛屿沿岸或礁石的低潮线。

（3）阿曼苏丹国政府将颁布一项指令以确定直线基线制度的应用，并根据以上制度确定阿曼苏丹国任何沿海地区的基线，以及与海湾内或岛屿和大陆海岸之间的封闭水域有关的线。此处提及的任何线应被认为是基线。若有必要，阿曼苏丹国政府可以修正或废止任何将根据本条款公布的任何规定。

内　水

第三条

阿曼苏丹国内水包括领海基线向陆一侧的水域。适用于港口、泊船处和海湾的阿曼法律本身也适用于阿曼内水。

专属经济区

第四条

阿曼苏丹国在专属经济区享有勘探、开发和开采生物或非生物自然资源的主权权利。

第五条

专属经济区自测算领海宽度的基线起算向海延伸 200 海里。

大　陆　架

第六条

阿曼苏丹国为勘探和开发自然资源的目的享有对大陆架的主权权利。

第七条

阿曼苏丹国将发布划定其大陆架范围的声明。

其他规定

第八条

若其他国家与阿曼苏丹国的海岸相邻或相向，领海、专属经济区和大陆架的外部界限应当是（被测量至）中间线，（即）其上各点到测算阿曼苏丹国领海的与其他国家领海的各自的基线上最近各点的距离相等。

第九条

领海、专属经济区和大陆架的精确界线应由阿曼苏丹国政府根据地图、海图和大地测量数据加以确定。

第十条

1972 年 7 月 20 日关于领海、大陆架和专属渔业区域的皇家法令及所有与 1977 年 6 月 15 日第 44/77 号皇家法令的条款以及其他与现行法令抵触的条款被废止。

第十一条

本法令应在政府公报上加以公布，并自颁布之日起生效。

1982 年 6 月 1 日公告

第一条

根据第 15/81 号皇家法令第二条"c"段，阿曼苏丹国任何地区的直线基线和海湾内或岛屿和大陆海岸之间的封闭水域的基线的确定应在以下基础上确定：

（1）下列经度和纬度坐标应确定划定阿曼苏丹国直线基线的点的位置。

（2）连接上段所指经度和纬度坐标之间的点的直线基线应决定第 15/81 号皇家法令规定的直线基线。

（3）该经度和纬度坐标也应是划定阿曼内水和封闭水域的基点。

坐 标 点

点	北 纬	东 经
"A"组		
1.	26°03′04.703″	56°05′01.869″
2.	26°04′04″	56°05′22″
3.	26°13′30″	56°10′52″
4.	26°14′28″	56°11′34″
5.	26°15′08″	56°12′19″
6.	26°22′29″	56°21′02″
7.	26°30′19″	56°30′34″
8.	26°29′50″	56°31′37″
9.	26°29′11″	56°32′14″
10.	26°21′59″	56°32′13″
11.	26°10′32″	56°32′58″
12.	26°05′02″	56°28′34″
13.	25°56′30″	56°28′17″
14.	25°48′32″	56°22′02″
15.	25°45′10″	56°19′55″
16.	25°37′32.345″	56°16′03.950″
"B"组		
17.	23°46′40″	57°41′38″
18.	23°47′00″	57°46′00″
19.	23°50′28″	57°57′38″
20.	23°51′26″	58°03′41″
21.	23°52′00″	58°06′00″

22.	23°52′06″	58°07′09″
23.	23°50′28″	58°10′33″
24.	23°40′55″	58°29′50″
25.	23°37′38″	58°35′29″
26.	23°31′18″	58°45′09″

"C" 组

27.	20°57′18″	58°49′00″
28.	20°41′29″	58°54′38″
29.	20°41′08″	58°54′47″
30.	20°30′12″	58°58′39″
31.	20°30′00″	58°57′18″
32.	20°16′29″	58°46′41″
33.	20°12′44″	58°43′20″
34.	20°10′36″	58°39′22″
35.	20°09′18″	58°38′18″
36.	20°20′30″	58°19′30″
37.	20°19′12″	57°59′00″

"D" 组

38.	17°55′02″	56°20′29″
39.	17°30′17″	56°24′02″
40.	17°29′42″	56°02′33″
41.	17°29′12″	55°51′48″
42.	17°27′57″	55°35′03″
43.	17°24′00″	55°17′02″

1983年2月4日伊朗伊斯兰共和国照会 *

伊朗伊斯兰共和国的联合国常驻代表致意联合国秘书长，参照阿曼的常驻联合国代表团1982年8月31日的No. MO/264/82照会，1982年11月23日发布的与秘书长No. LE 113（3–3）的沟通文件，很荣幸地通知您，伊朗伊斯兰共和国政府关注到附在阿曼常驻代表团1982年8月31日的No.MO/262/82照会，1982年6月1日的批准书，仅为阿曼领海和内水的单方扩张。因此，伊朗伊斯兰共和国政府根据国际法的规定，包括1958年《领海和毗连区公约》的第四条和第五条，1982年4月30日通过的《联合国海洋法公约》第八条，推定为该批准书不得改变该区域与第三国船舶历史性和习惯性通过权相关的法律属性。

若该通知可以传递给联合国会员国的常驻代表团将不胜感激。

伊朗伊斯兰共和国的联合国常驻代表借此机会再次向联合国秘书长致以最崇高的敬意。

---

*1983年6月21日的普通照会 LE 113（3–3）。

罗马尼亚
Romania

....

第 142 号国家议会关于在黑海建立罗马尼亚专属经济区的法令
（1986 年 4 月 25 日）

为了保全和最适度地利用生物、非生物自然资源和其他资源，为了捍卫毗邻黑海的罗马尼亚社会主义共和国的专属经济区；

为在这一空间建立罗马尼亚社会主义共和国的主权和管辖权，并规范行使这些权力的条款；

顾及一般接受的国际法规范，特别是涉及 1982 年由联合国主持订立的海洋法公约的有关规定；

罗马尼亚社会主义共和国国务委员会谕知：

第一条

在黑海的罗马尼亚领海边界以外并邻接领海边界的海洋空间，应建立罗马尼亚社会主义共和国专属经济区，并对其海床上覆水域和海床及其底土的自然资源享有主权和管辖权，可对上述自然资源进行勘探、开发、养护和管理的不同活动。

第二条

专属经济区的外部区域延伸到距测算领海界限的基线外 200 海里的范

围。鉴于黑海区域狭窄，罗马尼亚社会主义共和国的专属经济区的范围应通过罗马尼亚及与罗马尼亚黑海海岸相向或相邻的国家的磋商框架划定。该界限的划定应充分尊重罗马尼亚社会主义共和国的法律，通过与上述国家签订协议，并根据划界的各个区域的特殊情况，应用划界的各项原则、国际法之普遍标准和各国实践来进行，以达成公平的解决方案。

第三条

在其专属经济区，罗马尼亚社会主义共和国享有如下权利：

1. 以勘探和开发、养护和管理海床上覆水域和海床及其底土的自然资源（不论为生物或非生物资源）为目的的主权权利。

2. 关于在该区内从事经济性开发和勘探，如利用海水、海流和风力生产能等其他活动的主权权利。

3. 关于管辖权：

人工岛屿、设施和结构的建造和使用；

海洋科学研究；

海洋环境的保护和保全。

4. 本法令或罗马尼亚社会主义共和国的其他法律以及国际法一般接受的准则规定的其他权利。

本法条规定的相关主权和管辖权应依照罗马尼亚社会主义共和国的规定行使。

第四条

罗马尼亚社会主义共和国可与其他黑海沿海国在其专属经济区进行合作，以便确保生物资源的保全和合理勘探、海洋环境的保护和保全，特别是毗邻上述区域的领域，考虑到黑海作为有限生物潜能的半闭海的特殊性质。

第五条

在罗马尼亚社会主义共和国专属经济区内，所有国家（不论沿海还是内陆）享有航行和飞越自由、敷设海底电缆和管道的自由，以及与这些自由有关的海洋其他国际合法用途，但应遵守本法令或罗马尼亚社会主义共和国的其他法律以及国际法一般接受的准则的规定。

第六条

罗马尼亚社会主义共和国对产自其水域的溯河产卵种群优先受益，并应因此对其享有权利。

罗马尼亚主管机关应采取适当措施确保溯河产卵种群的养护，并制定规则对包括授权捕获总数在内的捕捞行为进行管制。当上述种群向陆地方向迁移至罗马尼亚社会主义共和国专属经济区的界限，罗马尼亚主管机关应始终与其他利益国的相关机构保持合作。

第七条

罗马尼亚社会主义共和国须确保在其专属经济区内对鱼类和其他生物资源进行最合理利用，可通过采取养护和管理这些资源的必要措施，参照其可得到的最可靠的科学证据，必要时可与在该领域有能力的国际组织合作。

为了达到这一目的，罗马尼亚主管机关应每年确定鱼类和其他生物资源的每个种类的授权捕获总数，并规定措施以确保渔业经营的合理进行，生物资源的养护、繁殖和保护，包括在船舶上进行检查、登临和逮捕。

其他国家的渔船可以在罗马尼亚社会主义共和国的专属经济区作业，但须有互惠条款的协议方可。

第八条

罗马尼亚社会主义共和国在其专属经济区内，应有专属权利建造并授权和管理建造、操作和使用各种类型人工岛屿、设施或结构。上述人工岛屿、设施或结构是用于进行科学研究和勘探、开发自然资源的。

第九条

罗马尼亚社会主义共和国在其专属经济区对于人工岛屿、设施和结构的建造享有专属管辖权，包括为防止破坏以及防止其他违反关于海关、财政、卫生、移民的规章和违反安全法律规章的行为的管控权。

在罗马尼亚社会主义共和国专属经济区中的人工岛屿、设施或结构周围应建立安全地带，这种地带从人工岛屿、设施或结构的外缘各点量起，不应超过这些人工岛屿、设施或结构周围 500 米的距离，但为一般接受的国际标准所许可的不同宽度区域除外。

罗马尼亚主管机关应列举在该地带的必要措施，以确保航行和人工岛屿、设施、结构的安全。

有权建造、维持和操作上述人工岛屿、设施、结构的罗马尼亚的组织和外国的自然人、法人有义务确保提示其存在的永久性警告能够维持正常作用。

涉及人造岛屿的建造、设施和结构的设立，以及其周围安全地带的建立和全部或部分设施、结构拆除的通知，应在"航海通知"中公示。

第十条

在罗马尼亚社会主义共和国专属经济区的海洋科学研究应按照罗马尼亚社会主义共和国的法律进行管理，另外也须适当考虑到罗马尼亚社会主义共和国缔结的条约。

在罗马尼亚社会主义共和国专属经济区专为和平目的和为了增进关于海洋环境的科学知识以谋全人类利益的海洋科学研究，可以由外国政府或国际组织来执行，但须经罗马尼亚主管机关的预先同意方可。

在罗马尼亚社会主义共和国专属经济区有资格进行海洋科学研究且已获得罗马尼亚主管机关许可的外国政府和国际组织应遵守如下规定：

1. 确保罗马尼亚众议院在海洋科学研究中的参与，允许其在科考船舶或海洋科学研究设施上工作；

2. 按照罗马尼亚主管机关的要求，提供初步报告，并于研究完成后提供所得的最后成果和结论；

3. 按照罗马尼亚主管机关的要求，同意其使用通过海洋科学研究取得的所有数据；

4. 按照本法令的规定，不得以任何方式妨碍罗马尼亚社会主义共和国在其专属经济区行使主权和管辖权。

第十一条

防止、减少和控制因在罗马尼亚社会主义共和国专属经济区的活动而引起的或者与该活动有关的海洋环境受污染的措施，应遵守罗马尼亚的立法和罗马尼亚社会主义共和国作为缔约国的条约。

罗马尼亚主管机关应制定法规，特别是在罗马尼亚社会主义共和国专属经济区内，防止、减少和控制海洋环境污染，以及确保航行安全。关于这些法规的通知，应在"航行通知"中公示。

在有明显理由相信穿越罗马尼亚社会主义共和国专属经济区的船舶违反了罗马尼亚或可适用的国际上关于防止、减少和控制海洋环境污染的法律规定，则罗马尼亚主管机关有权要求该船舶作出针对其行为的解释。如果该船舶拒绝作出解释，或者所作出的解释与实际情况明显不一致，则相关主管机关有权针对其行为采取实物检查措施。

如果有明确的客观证据表明处于罗马尼亚社会主义共和国专属经济区的船舶违反本法第一段和第二段的规定，倾倒废物，对罗马尼亚海岸线或领海及专属经济区资源造成严重损害或有严重损害之虞，则罗马尼亚主管机关可依据罗马尼亚社会主义共和国法律对该船舶进行扣留，并对该违法行为提起诉讼。

若外国船舶处于罗马尼亚港口，罗马尼亚社会主义共和国主管机关可以对任何处于罗马尼亚社会主义共和国专属经济区的船舶的任何违法行为提起诉讼。

第十二条

如果在罗马尼亚专属经济区发生船舶碰撞、触礁或其他损坏船舶的事项，可能对其专属经济区或海岸线造成损害结果，则罗马尼亚主管机关可以依照国际法规定，采取一切与损害或危险相称的必要措施，防止损害结果或危险的发生。

第十三条

下列行为如果不构成犯罪，则应认定为违法，并应处以 100 万到 200 万列伊的罚款，该处罚的作出地为违法行为的记录地。

1. 非法开发利用罗马尼亚社会主义共和国专属经济区内自然资源的行为。

2. 从船舶、飞行器或建造在海中的人工岛屿、设施、结构，向罗马尼亚社会主义共和国专属经济区倾倒污染物或非法引进污染物的行为。上述污染物指任何危害人类健康及海洋生物资源的物质，以及任何其他可能对海洋合法利用造成损害或阻碍的废物、材料。

3. 未经罗马尼亚主管机关同意，在罗马尼亚社会主义共和国专属经济区内从事活动的行为。

4. 未遵守"航行通知"的规定以及人工岛屿、设施、结构发出的信号的行为。

5. 未经必要的许可，在罗马尼亚社会主义共和国专属经济区建造人工岛屿、设施、结构的行为。

6. 未保护罗马尼亚社会主义共和国专属经济区的设施或其他装备以提

示其存在的永久性警告的行为，未遵守关于维持其正常作用的标准，以及未遵守关于拆除已被永久禁止使用的设施和装备的标准的行为。

上述行为若造成主要损害或其他严重后果，或该行为反复实施，则处以 100 万到 200 万列伊的罚款。

在违法非常严重的情况下，罗马尼亚主管机关可对违法者处以没收其船舶、设施、捕鱼用具、仪器或其他物品的处罚，以作为附加处罚适用。同时，非法获取的物品须予以没收。

上述处罚适用于法人组织。

如果涉及本条第 1~6 款的行为是为了保障船舶的安全，拯救人的性命或者为避免船舶、货物遭受损害，则不认为是违法。

第十四条

对于违法行为的记录以及处罚的作出，应当由运输和电信部专门授权的航海监管及控制机构，食品工业部、农产品收购部及其他合法授权机构来行使。

任何关于违法行为的异议应在异议提交后的 15 日内，由康斯坦察镇法院中有关海洋与河流的部门进行归档。

第十五条

本法令规定应增补 1986 年第 32 号法令关于违法行为的确立和处罚的规定，除该法令第二十五、二十六和二十七条应不适用在此情况下的本法令所提及的违法行为外。

第十六条

向外国自然人或法人征收的罚款应为可自由兑换的货币，按照非商业交易汇率将罚款兑换成列伊。

第十七条

根据罗马尼亚法律，对违法者征收罚款，不能免除其由于对罗马尼亚专属经济区造成损害而应当承担的赔偿责任。

第十八条

如果由于行为触犯罗马尼亚法律，须将船长逮捕或须将外国船舶扣留，罗马尼亚主管机关应当立即通知相关措施所针对的船旗国。

在缴纳适当充足的保证金后，应立即释放受到扣押的船舶及其船体船员。

圣多美和普林西比
Sao Tome and Principe

关于领海基线的第 48/82 号法律
（1982 年 12 月 2 日）

鉴于修正 1978 年 6 月 16 日 No. 14/78 法令第二条中地理坐标的必要性，确定直线基线中加入圣多美和普林西比岛最突出的点；

鉴于确定更多的坐标可使绘制的直线基线连续性更好；

鉴于 6 月 16 日 No. 14/78 法令；

于 1982 年 4 月 30 日第三次联合国海洋法会议批准通过的海洋法公约有关条款已被审查；

兹行使宪法第三十二条规定赋予的权力，圣多美和普林西比民主共和国政府颁布如下法令：

6 月 16 日 No. 14/78 法令的第一条和第二条，应改为如下：

第二条

1. 圣多美和普林西比领水的扩展的基线，包括加入两个主要岛屿、小岛和它们周边显现的珊瑚礁的最显著点的直线，由下面的地理坐标来确定：

点	纬　度	经　度
1	0°00′45″S	6°31′44″E
2	0°00′47″S	6°31′21″E
3	0°00′03″S	6°31′00″E
4	0°07′03″N	6°29′05″E
5	0°12′03″N	6°27′58″E
6	0°14′03″N	6°27′56″E
7	0°15′03″N	6°28′20″E
8	0°19′03″N	6°29′51″E
9	1°43′03″N	7°22′55″E
10	1°41′03″N	7°28′20″E
11	1°37′03″N	7°27′52″E
12	1°30′03″N	7°26′05″E
13	0°14′03″N	6°45′59″E
14	0°92′03″N	6°37′48″E

2. 椭圆体和在地理坐标的定义中使用的基准如下：

采用椭球：国际

国际基准：

圣多美岛　　　　Y=0°20′49″02 N

福塔雷萨　　　　L=6°44′41″85 E

普林西比岛　　　Y=1°36′46″87 N

风筝山　　　　　L=7°23′39″65 E

第三条　该法令立即生效。

塞内加尔
Senegal

关于领海、毗连区及大陆架界限的第 85−14 号法案
（1985 年 2 月 25 日）

第一条

领海的宽度为自基线量起 12 海里，基线上各点的坐标由法令确定。

第二条

建立一个称为"毗连区"的海域，其宽度为自领海外部界限量起 12 海里。

第三条

塞内加尔对其领海的全部水域行使主权。

第四条

在毗连区内，塞内加尔享有为防止在其领土或领海内违反其海关、税收、卫生和移民法律与规章以及惩治在其领土或领海内违反上述法律和规章的行为所必要的权利。

第五条

上述关于领海的规定不妨碍根据塞内加尔于 1982 年 12 月 10 日在蒙特哥湾签署的《联合国海洋法公约》授予所有外国船舶的无害通过权。

第六条

大陆架包括其领海以外依其陆地领土的全部自然延伸扩展到大陆边外缘的海底区域的海床和底土；如果从测算领海宽度的基线量起到大陆边外缘的距离不到 200 海里，则扩展到 200 海里的距离。

第七条

塞内加尔为勘探大陆架或开发其自然资源之目的，对大陆架的全部区域行使主权和专属权利。

第八条

现有的与本法案相冲突的所有规定，特别是《1976 年 4 月 9 日领海和大陆架划界的第 76-54 号法案》，特此废止。

本法案作为国家的法律而适用。

叙 利 亚
Syrian

领海扩张第 37 号法律
（1981 年 8 月 16 日）

第一条 叙利亚水域向公海扩展 35 海里。从阿拉伯叙利亚共和国认可的大型海洋地图上所示的测量领海的基线起算，或从叙利亚海岸的最低潮汐水位线起算。

第二条 本法在政府公报上公布，所有与之相反的或先前的声明根据本法予以变更。

以色列的照会 *
（1982 年 3 月 12 日）

以色列常驻联合国代表向联合国秘书长表示感谢，并有幸就 1982 年 2

---

*1982 年 4 月 1 日 LE 113（3-3）号普通照会。

月 5 日的函件 LE 113（3-3），做如下声明：

以色列政府认为，阿拉伯声明从测量领海宽度的基线起算，其领海拓宽 35 海里，没有现存的国际法依据。因此，以色列不承认上述测量，以色列及其国民就阿拉伯的此项声明作出法律保留。

以色列常驻联合国代表有幸请求将此函件交给联合国各成员国常驻使团。

以色列常驻联合国代表利用本次机会向联合国秘书长重致其崇高的敬意。

新西兰的照会 *
（1982 年 6 月 3 日）

新西兰常驻联合国代表向联合国秘书长表示感谢，并有幸就 1982 年 2 月 5 日的函件 LE 113（3-3），做如下声明：

新西兰政府认为任何沿海国家拓宽 35 海里领海有违国际法。因此，新西兰政府不承认阿拉伯叙利亚共和国的第 37 号法律，新西兰及其国民对该法律作出法律保留。

新西兰常驻联合国代表有幸请求将此函件交给联合国各成员国常驻使团。

新西兰常驻联合国代表利用本次机会向联合国秘书长重致其崇高的敬意。

---

*1982 年 7 月 12 日普通照会。

苏 联
USSR

苏维埃社会主义共和国联盟国家边界法（摘录）
（1982 年 11 月 24 日）

苏维埃社会主义共和国联盟一直在坚持不懈地追求一条列宁主义路线的和平政策，来稳固人民的安全和进一步实现解决国家边界问题的非暴力原则。国家边界问题是关乎领土完整、政治独立、主权和联邦团结的重要因素。

根据苏维埃社会主义共和国联盟的宪法，联邦边界的含义、对边界的保护以及苏联的领土问题由苏维埃社会主义共和国联盟的最高国家权力和行政机构负责管辖。

保护苏联的国家边界是捍卫社会主义祖国的一项不可分割的重要内容，国家边界不受侵犯，我们坚决反对一切侵犯国家边界的举动。

总　　则

第一条　苏联国家边界

苏联的国家边界指的是用于界定苏联领土的陆地、水域、底土和空间的界限以及垂直于这条界限的界面。

第二条 苏联国家边界的定义以及对其的保护

边界问题由最高苏维埃及其主席团以及与苏联所签订的国际协议中的内容所共同确定。

苏联部长会议主席在其权利范围内有权采取行动保护国家边界以及国家领土。

第三条 苏联国家边界的建立

除非与国际条约规定相违背，否则苏联的国家边界将出现在：

（1）在陆地上，根据特定的点和线以及清楚可见的地标设定。

（2）在海上，沿着苏联的领水（或领海）的外部界限而设定。

（3）在可航行的河流上，由分割主要航道的中线或者河流的深泓线设定；在无法航行的河流中，由分割它们的主要中线或者分割其主要支流的中线设定；在湖泊或其他水域中，沿着苏联国家边界与湖岸及其他水岸的交叉点所连成的直线而设定。

沿着以上河流（溪流）、湖泊或者其他水域所设的边界将不会随着河岸或湖岸的轮廓变化或水平线的变化而改变，也不会因为河流（溪流）流向的偏移而改变。

（4）对水库的液压中心和其他人造水库宽阔的水域，与沿着它们之前所填充过的地点的苏联的国家边界一致。

（5）在铁路、公路桥梁、大坝和其他建筑物通航和不通航河流（溪流）穿越边境的部分，沿着这些结构的中心或沿其结构轴，不论苏联的边界在水上运行的状态。

第四条 苏联国家边界的标注

苏联的国家边界应由其领土中醒目的边界标志来标注。

边界标志的形状和纬度以及设定它们的步骤将由苏联立法部门以及由苏联参与的国际协议所确定。

第五条 苏联的领土与领水（领海）

苏联领水（领海）应包括从低水位线起测量至 12 海里的沿海海域，同时相对于大陆以及相对于属于苏联的群岛，或从由连接相关点的直线基线来设定。

这些点的地理坐标，应按设定的程序，由苏联的部长会议主席制定。

在个别情况下，可由苏联参与签订的国际条约来设定苏联领水（领海）的不同宽度，并在没有条约的情况下，按照公认的国际法原则和准则设定。

第六条　苏联的内水

苏联的内水应包括：

（1）用于苏联领水（领海）宽度测量的直线基线向陆地一侧的海域；

（2）由通过水力和其他港口设施的最外面的临海点所包围的苏联港口水域；

（3）从海湾，湖湾，入口和河口，海岸的水域，作为一个整体完全属于苏联，再到由一条从此岸划到彼岸的直线的靠海的一边内开始形成一个或多个通道，但每个通道的宽度不超过 24 海里；

（4）历史上属于苏联的海湾、湖湾、入口以及河口、海域和海峡；

（5）历史上属于苏联的河流、湖泊以及其他水库和水岸的水域。

…………

第八条　苏联国家边界的严格界定

苏联国家边界的制度——外国非军用船舶穿越苏联国家边界，在苏联领水（领海）中或者在界河中的苏联部分进入航行和停留的，或者外国非军用船舶和舰艇进入以及停留在苏联的内水和其他苏联的港口，为边境维护和执行各种操作，在苏联边境捕鱼和进行其他活动，这一系列程序由本法规定的及苏联的其他立法行为以及通过由苏联签署的国际条约确定。

第九条　过境苏联国家边界

铁路、汽车、海洋、河流、空间以及其他穿过苏联边境的交通应受到由苏联部长会议根据苏联立法以及同别国签订的国际条约所设定的控制点的影响。过境苏联国家边境的控制点，应建立边防部队检查站和海关机构。

海上和内河非军事船只，以及军舰，应依照法律规定、苏联的其他立法法案内容以及主管机关发布和发表的"通告"来过境国家边界。

航空器应当按照法律规定、苏联的其他立法法案和主管机关签发的规则，在"航空导航信息收集"的规定和特别指定的飞行走廊内越过国境边界。在空中走廊外过境国家边境的航班，只允许苏联主管机关授权的才可以过境。

第十条　航空器的起飞与降落

苏联和外国的飞机离开苏联及进入苏联后，应降落在机场开放国际航线并有边防部队的检查点和海关的地方。只有在苏联主管机关的授权下，飞机的起飞和降落才能适用不同的程序。

第十一条 对过境苏联的国家边界的控制

过境国家边境的运输、货运和其他财产以及人员，应当接受边防和海关管制。在有关情况下，应行使卫生检疫、兽医和工厂卫生管制，以及对苏联出口和其他方面的管制。

管制应根据本法所规定的程序，由苏联主管机关进行组织和行使。

第十二条 人员、交通工具、货物和其他财产的过境

人员入境应经过边防部队的同意并且持有效的出入境证件。

运输、货运和其他财产，应当按照苏联的立法和与苏联缔结的国际条约越过国家边境。

根据苏联缔结的国际条约，对人员、运输工具、货物和其他过境边境的财产的手续可以简化。

第十三条 无害通过苏联领水（领海）

应允许跨越水域没有进入苏联内水或驶往内水和苏联港口的或以离开苏联驶向公海为目的享有无害通过权。

非军事船舶按照苏联立法和苏联缔结的国际条约，享有领水（领海）的无害通过权。

外国非军用船舶行使无害通过权应当遵循习惯航线或由苏维埃主管机关推荐的航线，以及海道和分道通航制。

违反无害通过规则的外国非军事船舶的船长应依照苏联的立法承担法律责任。

外国军舰和水下航行器应根据苏联部长会议所设定的程序无害通过领水（领海）。然而，潜艇和其他水下航行器都需要在水面上航行并展示他们的旗帜。

第十四条 外国非军事船舶和军舰进入苏联内部水域和港口的程序

外国非军用船舶可以进入向该类船只开放的基地和港口。对外国非军事船只开放的基地和港口名单及其入境和停留的安排，包括货运和客运管理安排，船舶与岸边的通信，船员的离船，船员以外的人员互访，同其他有关"外国非军用船舶进入苏联内水和港口以及边境河流、湖泊和其他水

域的苏联部分"的其他规则一样,由苏联立法以及发表在"航海通告"中的规则来确立。

除非另有规定,外国军舰不得进入内水和苏联港口。外国军事人员应事先征得苏联部长会议的允许,并且遵守发表在"航海通告"中的访问规则。

第十五条 外国非军用船舶和军舰在苏联水域遵守航行和其他规定的义务

外国非军用船舶和军舰在航行和停留在苏联领水(领海)、内部水域或在边境河流水域、湖泊和水库的苏联部分中必须遵守无线电、导航、港口、海关、卫生和其他规定。

如果紧急情况要求外国非军用船舶、军舰进入苏联的领水(领海),苏联的内水或边境河流、湖泊、水库的苏联部分,或是阻止他们遵守管理航行的通过法规以及停留在这些水域的规定,这些船只应当立即向最近的苏维埃港的当局告知。

第十六条 禁止外国非军事船舶和军舰在苏联海域的捕捞、研究和进行勘探活动

外国非军用船舶、军舰在苏联领水(领海)中、内部水域和在国境河流水域、湖泊和水库的苏联部分中进行的捕捞、研究和勘探活动应由主管机关或苏联签订的国际条约授权,否则应禁止。

第十七条 禁止非军事船只和军舰在苏联水域中的特定地区中航行和停留

在苏联领水(领海)和内部水域,可能会有由苏联的主管机关做出的禁止非军事船只和军舰在苏联水域中的特定地区中航行和停留的决定。做出这样的决定必须公布在"通告"中。

第十八条 指导苏联边境的经济活动的程序

在国家边境对木材漂流和其他用途的水体的使用,在边境河流、湖泊等水体的苏联部分安装自来水厂和进行土地的开发,开展与森林和动物、采矿、地质勘探等有关的经济活动应按照苏联的立法和国际条约的规定,并确保苏联边境的正确秩序。

苏联的主管机关应与边防部队统一意见,在考虑到当地条件的基础上,应建立对在苏联边境开展的所有形式的经济活动进行指导的程序。

第十九条 在受威胁的传染病传播的情况下，对苏联边境进行临时交通暂停。

在苏联境内或其他国家发生有传播危险或特别危险的传染病事件时，在受到该威胁的边境地区的交通可以由苏联部长会议下决定暂时限制或暂停，建立对过境人员、动物、货运、种子和植物材料以及其他动植物产品的检疫。

第二十条 违法过境苏联国家边境

边境违法应考虑以下几方面：

（1）从入境点以外的其他地点过境或试图通过国家边境的，或在国家边境的入境点入境，但违反了边境过境的规则。

（2）以非法出境为目的，登上或企图登上目的地为边界的外国或苏联的交通工具。

（3）已违反过境规则进入领水（领海）、内部水域或边境河流、湖泊和其他水域的苏联部分的外国非军用船舶、军舰。外国潜水艇和其他潜水器在水下过境时，或者在水下的一个特定位置时，若在苏联水域中航行和停留也应被考虑在内。

（4）未经国家主管机关许可，通过苏联边境的飞机或其他航空器或者其他违反苏联国境管理规定的飞机和其他航空器。

未经适当的许可或违反既定程序，通过任何其他技术或其他手段过境也是对过境规则的违反。

第二十一条 苏联的边防代表

为了解决关系到维护苏联边境政权和解决边境问题，在苏联边境的特定地区，苏联的边防代表（边境委员、边境的全权代表和他们的代表）应当按照规定程序对边防部队的军官任命。

苏联的边防代表应听从立法，由苏联缔结的国际条约和由苏联的主管机关签发的文书的指导。

边防代表未解决的问题，应当通过外交途径决定。

…………

第四十条 违反 USSR 州边境立法的责任

犯违反或企图违反苏联边境制度，或管理苏联边境控制点的制度的人员，非法运输或尝试将苏联货物、材料、文件和其他物品运送出境，或者在其他方面违反边境的立法的，将承担刑事、行政或联邦共和国立法规定的其他责任。

苏维埃社会主义共和国联盟
关于专属经济区的最高苏维埃主席令
（1984 年 2 月 28 日）

为了保护和最合理地利用生活及其他资源，以及对苏维埃社会主义共和国联盟沿海海域经济利益的保护，加之考虑到联合国大会为了建立统一专属经济区制度而制定的海洋法的相关规定，同时出于促进这些规定实施的目的，苏维埃社会主义共和国联盟最高苏维埃主席团作出如下决定：

1. 苏维埃社会主义共和国联盟专属经济区应为毗邻苏维埃社会主义共和国联盟领水（领海）及以外的海域，包括隶属于苏维埃社会主义共和国联盟岛屿的周边地区。该专属经济区的最外边界为从苏维埃社会主义共和国联盟领水（领海）基线量起 200 海里的距离。

关于苏维埃社会主义共和国联盟及与其隔海相望的国家或与其海岸相毗邻的国家之间专属经济区的划界，应根据苏维埃社会主义共和国联盟的国内立法，在国际法的基础上制定协议进行，以实现一个公平的方案。

2. 根据本主席令第 1 条的规定，苏维埃社会主义共和国联盟在它的专属经济区享有：

（1）对位于其海床底土及其上方水域的生物及非生物自然资源进行勘探、开发、保护、管理的主权；

（2）对该区域进行经济勘探和开发等其他活动的主权；

（3）对以下享有管辖权：

①人工岛屿、装置设施和构造物的建设和使用；

②海洋科学研究；

③保护和保存海洋环境；

（4）根据本主席令、苏维埃社会主义共和国联盟的相关法律制度以及国际法普遍认同规则规定的其他权利。

本主席令中规定的关于专属经济区的海床及其底土的主权和管辖权，在与苏维埃社会主义共和国联盟关于其大陆架的立法相符合的情况下予以实行。

3. 苏维埃社会主义共和国联盟对其河流中的洄游鱼类享有主要利益和责任，并将实行其权利。

苏维埃主管部门应确保对洄游鱼类的保护，通过采取合理的措施和建立法规的方式来规范捕鱼业，包括在专属经济区内外分别制定许可捕鱼的总量。

苏维埃社会主义共和国联盟应保证遵守苏维埃社会主义共和国联盟和其他国家签订的基本条约中制定的关于专属经济区外洄游鱼类的措施和规定。

其他国家在苏维埃社会主义共和国联盟专属经济区之外，对源于苏维埃社会主义共和国联盟河流的洄游鱼类进行捕捞，应当遵守苏维埃社会主义共和国联盟和利益相关国家签订的基本条约对该捕捞的条款与条件规定，适当考虑苏维埃社会主义共和国联盟对保护该洄游鱼类的必要条件。

关于源于苏维埃社会主义共和国联盟河流的洄游鱼类的利用和保护之条款与条件，由苏维埃社会主义共和国联盟部长会议进行决定。

4. 在苏维埃社会主义共和国联盟专属经济区内的所有国家，无论是沿海国还是内陆国，根据本条例和其他苏维埃社会主义共和国联盟相关法律规定，以及公认的国际法准则，享有航行、飞行、铺设海底电缆、管道及其他与海洋相关的国际合法用途的自由。

5. 苏维埃社会主义共和国联盟将在最佳科学证据的基础上，通过适当的保护和管理措施，确保在其经济区的鱼类和其他生物资源的最佳利用，并在适当的情况下，与国际主管机构进行合作。

为达此目的，苏联主管部门应确定每年每一种鱼类和其他生物资源的总可捕量，以及允许外国进行捕捞的部分，并应采取包括检查、拘留和逮捕船只等措施对捕鱼进行合理控制和保护，保护生物资源的繁殖。

苏维埃社会主义共和国联盟专属经济区鱼类和其他生物资源的利用和保护的条款和条件由苏维埃社会主义共和国联盟部长理事会决定。

6. 关于对鱼类和其他生物资源的捕捞，以及与捕捞类似的诸如研究、勘探等行为，在下文统称为"捕鱼"。在苏维埃社会主义共和国联盟专属经济区内所有外国自然人、法人在进行"捕鱼"行为时只能根据国际条约或苏维埃社会主义共和国联盟与该国家之间的相关协议进行。

外国法人或自然人按本条第一款规定的在苏维埃社会主义共和国联盟专属经济区内从事"捕鱼"行为，应遵守本法令、苏维埃社会主义共和国联盟其他相关法律，以及由此采纳的相关基本原则所规定的对生物资源的保护措施及其他条款和条件。

7. 在苏维埃社会主义共和国联盟专属经济区，苏维埃社会主义共和国联盟享有专属权利对其专属经济区以科学研究目的和勘探开发自然资源及其他经济目的，对其人工岛屿和其他设施、结构进行建设、管理、操作和使用。该权利还包括对可能影响苏维埃社会主义共和国联盟行使专属经济区权利的设施和结构进行建设、操作和使用。

苏维埃社会主义共和国联盟对此类人工岛屿、设施和结构具有专属司法管辖权，包括海关、财政、卫生、安全和移民法律法规方面的管辖权。

在该人工岛屿、设施和结构的周围有必要之地应建立安全区，该安全区在其周围的距离不得超过 500 米，除有公认的国际标准或有主管国际组织规定之外，该距离应从这些人工岛屿、设施和结构的外边缘点起测量。苏联的主管部门应在这些安全区内确定适当的措施，以确保航行时人工岛、设施和结构的安全。

负责维护和操作上述人工岛、设施和结构的苏联本国或外国法人、自然人，应在其工作时提供警示标识并维护良好的工作秩序。任何被遗弃或废弃的装置、结构和设备都应尽快被移除，从而不对航行和捕鱼造成妨碍，也避免造成污染海洋环境的危险。

人工岛屿的建设，设施和结构的施工，安全区的构建，以及对这些设施和结构完全或部分清除，都应当公布在"航海通告"上。

8. 苏维埃社会主义共和国联盟专属经济区的海洋科学研究，按照苏维埃社会主义共和国联盟的立法和苏维埃社会主义共和国联盟缔结的国际条约进行。

在苏维埃社会主义共和国联盟专属经济区的海洋科学研究，只有在苏联主管部门同意的前提下才可以由外国国家和有能力的国际组织进行。在正常情况下，外国在苏维埃社会主义共和国联盟专属经济区进行的海洋科学研究是完全为了提高全人类的利益和海洋环境科学知识的和平目的时，苏联主管当局应同意授权该研究的进行。

以下的海洋科学研究可能不会被批准：

（1）对苏维埃社会主义共和国联盟专属经济区的生物或非生物自然资源的勘探开发具有直接影响的；

（2）涉及往专属经济区海底钻孔，使用爆炸物或将有害物质引入海洋环境的；

（3）涉及人工岛屿、设施和结构的建造、运作或使用。

计划在苏维埃社会主义共和国联盟专属经济区进行海洋科学研究的外国政府和有关国际组织，应向苏联主管部门提交不少于 6 个月的前期研究进度以及该研究计划的完整信息。

如果按照本条第四部分规定提供的信息不准确，或如果开展研究的外国国家和有关国际组织因先前的海洋科学研究对苏维埃社会主义共和国联盟负有未了债务，苏联主管部门可能拒绝这样的研究。

9. 外国国家和有能力的国际组织在苏维埃社会主义共和国联盟专属经济区进行海洋科学研究时，应当负如下义务：

（1）确保苏联代表参加海洋科学研究，特别是在研究船、其他运载器或科研设施上参与的权利；

（2）按照苏联主管当局的要求，向其提供切实可行的初步报告，以及在研究完成后形成的最终结果和结论报告；

（3）按照苏联主管当局的要求，向其提供来自海洋科学研究的所有数据和样本，这些数据应当可复制，且样本在切分时不损害其科学价值；

（4）按照苏联主管当局的要求，向其提供有关资料、样本及研究结果的评估；

（5）不得行使本条例第 2 条和第 3 条中所规定的对主权和管辖权有所妨碍的活动；

（6）研究计划若有任何重大变化，应立即向苏联主管部门报告；

（7）一旦研究完成后，应立即清除科研设施或设备，另有约定的除外。

10. 对于苏维埃社会主义共和国联盟专属经济区内的海洋科学研究，不按照本条例第 8 条规定的信息执行的，或者违反本条例第 9 条规定的，将由苏联主管部门暂停其研究。只有在停止违反行为并保证今后不会再有类似违反行为的情况下，才能授予恢复该研究的许可。

在未经苏联主管部门同意下在苏维埃社会主义共和国联盟专属经济区内进行海洋科学研究，或初始研究项目发生了主要变化且这一改变违反了本条例第 8 条规定的信息，此时该研究应被立即终止。

11. 关于进行海洋科学研究的条款和条件，关于人工岛的建设，关于安装、维护、操作、保护和移除人工岛周围的装置、结构和安全区，以及其他关于在苏维埃社会主义共和国联盟专属经济区内履行所有上述工作的许可问题，应当由苏维埃社会主义共和国联盟部长会议决定。

12. 在苏维埃社会主义共和国联盟专属经济区内进行研究活动所产生的对海洋环境的污染，应当根据苏维埃社会主义共和国联盟的立法和苏维埃社会主义共和国联盟缔结的国际条约对其进行预防、减少和控制。

13. 对于苏维埃社会主义共和国联盟专属经济区中明确规定的特殊区域，该区域中将要求研究团队根据其海洋学和生态学条件，对预防船舶污染采取特殊强制措施，并且对其资源的利用和保护、航行的特有标志以及其他有关航海实践，都应当采取相关措施。该特殊区域由苏维埃社会主义共和国联盟部长会议在其决定的地区内建立。这种特殊区域的限制将在"航海通告"上予以刊登告知。

14. 根据苏维埃社会主义共和国联盟立法规定，苏联主管部门可以构建预防、减少和控制海洋环境污染、保障航海安全的制度，并且在具有特殊自然特点的冰层覆盖区域实施相关制度，因为在这些冰层覆盖区域的海洋环境污染可能导致对生态平衡造成重大伤害或不可逆转的影响。

15. 一旦有明确理由表明在苏维埃社会主义共和国联盟领水（领海）或专属经济区内航行的船舶，违反了本法令第 12 条至第 14 条的关于船舶预防、减少和控制海洋环境污染的规定，苏联主管部门可能：

（1）要求船舶提供必要的资料以确定是否发生违规行为；

（2）如果实际排放的污染物已经引起海洋环境污染或对海洋环境造成威胁，同时，在此情况下船舶拒绝提供必要的信息或提供的信息与实际情况有明显差异时，苏联主管部门可能就违规行为对船舶进行检查。

一旦有明确的客观证据表明船舶在苏维埃社会主义共和国联盟领水（领海）或在苏维埃社会主义共和国联盟专属经济区航行时，在该区域中，实施了违反本法条第一部分提及的法律、法规的行为，通过排放污染物质造成苏维埃社会主义共和国联盟海岸线及海岸线相关利益、领水（领海）和专属经济区内的任何资源重大损害或重大损害威胁，则将对此违规行为采取措施，包括根据苏维埃社会主义共和国联盟法律规定对违法船舶进行扣留。

当外国船舶进入苏联港口时，苏联主管部门在苏维埃社会主义共和国联盟专属经济区内，可以对任何有违反本法条第一部分所提及的法律、法规行为的船舶采取措施。

关于本条所规定的苏联主管部门就该权力的实施程序，由苏维埃社会主义共和国联盟部长会议决定。

16. 在苏维埃社会主义共和国联盟专属经济区界内倾倒垃圾或其他废料、废物时，必须经苏联主管部门许可，并在主管部门的监督下进行。关于倾倒及相关许可证事由的条款和条件由苏维埃社会主义共和国联盟部长会议决定。

17. 如果在苏维埃社会主义共和国联盟专属经济区内或边界外发生船舶碰撞、船舶搁浅或其他海难事故，或发生此类事故的行为可能对苏维埃社会主义共和国联盟海岸线及其相关利益（包括捕鱼等）造成重大损害后果，苏联主管部门将有权依据国际法授权，以防止污染或污染威胁为目的，对其采取与实际的或潜在的损害相当的必要措施。

18. 在有充分理由认定外国船舶违反本条例或苏维埃社会主义共和国联盟其他相关法律的规定，并且当它试图逃离时，苏联主管部门有权对违法者进行追捕并追究其相应责任。该追捕应当始于违规船队或其船之一处于苏维埃社会主义共和国联盟专属经济区范围时。在发出停止信号后，当船舶进入船旗国或任何第三国的领水（领海）时，该追捕即停止。

19. 如犯以下罪行：

（1）非法勘探或开发苏维埃社会主义共和国联盟专属经济区的自然资源；

（2）以在苏维埃社会主义共和国联盟专属经济区倾倒垃圾为目的，从船舶及其他浮游装置、飞机、海上人工岛屿、设备、物体结构进行对人体健康或海洋生物资源有害的非法拆除，或排放其他垃圾、废料和废物等可能损害或妨碍海洋的合法利用；

（3）在苏维埃社会主义共和国联盟专属经济区内，从船舶及其他浮游装置、飞机、海上人工岛屿、设备、物体结构上非法排放导致海洋环境污染，造成对人体健康或海洋生物资源的损害，排放含量超过既定标准的化合物，或其他垃圾、废料和废物等可能对娱乐区造成损害，或妨碍海洋的合法利用；

（4）在苏维埃社会主义共和国联盟专属经济区内，对海底海床的矿产资源进行钻探或相类似的其他勘探、开发工作直接造成海洋环境的污染；

（5）在苏维埃社会主义共和国联盟专属经济区内其他违反有关预防、减少和控制海洋环境污染的行为；

（6）未经苏联主管部门同意，在苏维埃社会主义共和国联盟专属经济区内进行海洋科学研究的行为；

（7）未经必需的许可，在苏维埃社会主义共和国联盟专属经济区及其周围安全区内建造人工岛、设施和结构；

（8）在苏维埃社会主义共和国联盟专属经济区内没有提供相关设施和结构存在的常设标志，违反了这些常设标志保持良好工作秩序，违反相关操作已经停止后移除设施、结构的规定，以及违反本法令的其他规定，相关规定源于苏维埃社会主义共和国联盟签署的国际条约中所规定的应履行义务；

应当承担包括向违法行为发生地缴纳高达 1 万卢布（苏联时期所用货币单位）罚款的行政处罚措施。

如果该违法行为已经造成了重大损害或其他严重后果的，或该违法行为一直重复发生，则地区（城市）人民法院将判处该违法行为承担高达 10 万卢布的罚款。根据本法令第一部分（1）、（6）、（7）中涉及的违法案件，法院可以决定对船舶、装置、渔具、设备、仪器及其他违法工具和一切非法所得进行没收，以此作为附加的行政处罚。

在外国船只被逮捕或拘留的情况下，苏联主管部门应将其所采取的行动及之后施加的任何处罚及时向船旗国进行通知。在合理的条约及其他安全性公布之后，被扣押船舶及其船员应予以及时释放。

20. 实施本法令第 19 条所规定的违法行为，应当承担行政责任，除非该违法行为根据苏维埃社会主义共和国联盟的当前立法应承担刑事责任。

21. 根据苏维埃社会主义共和国联盟现行立法，本法令中规定的行政强制措施的适用并不免除违法者就其破坏苏维埃社会主义共和国联盟专属经济区生物及其他资源的赔偿责任。

22. 苏维埃社会主义共和国联盟专属经济区的保护程序由苏维埃社会主义共和国联盟部长会议制定。

23. 本法令 1984 年 3 月 1 日起生效。

24. 以下法令和决议予以暂停：

苏维埃社会主义共和国联盟的最高苏维埃主席团于 1976 年 12 月 10 日通过的法令《苏维埃社会主义共和国联盟关于保护海域海岸生物资源和规范捕鱼的暂行措施》（苏维埃社会主义共和国联盟的最高苏维埃公报，1976 年第 50 号第 728 页；1982 年第 15 号第 238 页）；

苏维埃社会主义共和国联盟的最高苏维埃主席团于 1977 年 3 月 22 日通过的关于苏维埃社会主义共和国联盟的最高苏维埃主席团法令《苏维埃社会主义共和国联盟关于保护海域海岸生物资源和规范捕鱼的暂行措施》第 7 条执行程序的决议（苏维埃社会主义共和国联盟的最高苏维埃公报，1977 年第 13 号第 217 页）。

25. 苏维埃社会主义共和国联盟部长会议将保证苏维埃社会主义共和国联盟政府的决定与本法令的规定相一致。

美 国
America

美国驻联合国代表团向联合国秘书长提交的照会
（1986 年 1 月 13 日）

美国政府希望向联合国提供关于授权在太平洋中东部特定领域（见附录）内进行深海海床矿物资源勘探的 4 个执照的条款附录。该条款附录公布在由国家海洋和大气局以及美国商务部发布公告的美国《联邦纪事》上。《联邦纪事》条款包括了深海床矿物资源被授权勘探的深海海床区域的地理坐标。

执照的发行依照《深海床矿物资源法案》，公法 96–283 号；《美国法典》第 30 篇第 1401 条及以下进行。依照该法案第 102 条（b）款（2）项，这些执照是专属的，不得发给"任何其他美国公民或任何互惠国家的任何公民、国家或政府机构或任何组织或存在于法律下的法律实体"。互惠国家指的是依照该法案第 118 条指定的国家。

美国政府同样注意到法案的第 3 条（a）款，该条规定：

根据本法案的规定，美国：

（1）对美国公民和船舶以及属于其管辖的外国人和船舶行使管辖权，依照美国承认的普遍的国际法原则，行使公海自由以从事深海床矿物资源的勘探和商业性开采；

（2）不得因此主张对深海床内任何区域或资源的国家主权、统治或专属权利、管辖权或所有权。

除了现存的联合国或其成员国确认勘探深海床矿物资源的执照外，美国政府借此机会宣布，考虑到所有国家的国际法律责任以避免对其他国家行使公海自由的利益的不合理妨碍，美国政府乐意与任何其他政府磋商这个问题。美国政府还注意到美国执照持有者的代表已经通知政府：他们也乐意与其他在已授权勘探深海床矿物的区域内进行活动的实体讨论避免活动冲突的问题。

美国政府要求本谈话记录和《联邦纪事》条款附录，作为秘书长办公室特别代表为海洋法公约准备的下一个海洋法公告的附录的一部分由联合国发布。

附录：《联邦纪事》条款

深海床采矿勘探执照的发行

机构：国家海洋和大气局，商务部。

活动：公告向海洋矿物公司发行的受条款、条件和限制约束的勘探执照。

摘要：根据深海床矿物资源法案和《联邦法规汇编》第 15 篇第 970 条，国家海洋和大气局在 1984 年 8 月 29 日向海洋矿物公司（伯纳多大道 465 号，山景城，加利福尼亚州，邮政编码 94043）发行受条款、条件和限制约束的执照以从事深海床勘探活动，执照区域为 USA—1 指定的位于太平洋北赤道的克拉里恩—克利珀顿断裂带。感兴趣的人允许在下列地址查看执照的副本。

更多信息请联系：约翰·W. 巴丹或劳伦斯·J. 奥尔巴克，国家海洋和大气局，国家海洋服务中心，海洋和海岸资源管理办公室，海洋矿物和能源部。地址为华盛顿哥伦比亚特区 N.W.，威斯康星大道 2001 号佩奇 1 楼 105 房间，邮政编码 20235，电话（202）653—8257。

日期：1984 年 9 月 7 日。

深海床采矿可用信息公告

机构：国家海洋和大气局，商务部。

活动：公告海洋矿物公司和肯尼科特财团深海床采矿执照区域的地点；纠正海洋矿物公司坐标。

摘要：在 1984 年 11 月 30 日的《联邦纪事》文件 84—31460 号第 47081 页中，国家海洋和大气局发布了海洋矿物公司为指导深海床采矿勘探活动而发行的执照所覆盖区域地理坐标的公告。

区域 1 转折点更正为：北纬 11 度 40 分，西经 132 度 20 分。

更多信息请联系：约翰·W. 巴丹或劳伦斯·J. 奥尔巴克，国家海洋和大气局，国家海洋服务中心，海洋和海岸资源管理办公室，海洋矿物和能源部。地址为华盛顿哥伦比亚特区 N.W.，威斯康星大道 2001 号佩奇 1 楼 105 房间，邮政编码 20235，电话（202）653—8257。

日期：1985 年 1 月 2 日。

深海床采矿勘探执照的发行

机构：国家海洋和大气局，商务部。

活动：公告肯尼科特财团执照的发行。

摘要：根据《深海床矿物资源法案》和《联邦法规汇编》第 15 篇第 970 条，国家海洋和大气局在 1984 年 10 月 29 日向肯尼科特财团（米纳勒尔广场 1515 号，盐湖城，犹他州，邮政编码 84147）发行受条款、条件和限制约束的执照以从事深海床勘探活动，执照区域为 USA—4 指定的位于太平洋北赤道的克拉里恩—克利珀顿断裂带。感兴趣的人经许可可在下列地址查看执照的副本。

更多信息请联系：约翰·W. 巴丹或劳伦斯·J. 奥尔巴克，国家海洋和大气局，国家海洋服务中心，海洋和海岸资源管理办公室，海洋矿物和能源部。地址为华盛顿哥伦比亚特区 N.W.，威斯康星大道 2001 号佩奇 1 楼 105 房间，邮政编码 20235，电话（202）653—8257。

日期：1984 年 11 月 1 日。

深海床采矿信息可用性

机构：国家海洋和大气局，商务部。

活动：公告海洋矿物公司和肯尼科特财团深海床采矿执照区域的地点。

摘要：在 1984 年 8 月 29 日，国家海洋和大气局向海洋矿物公司发行了指导其在太平洋北赤道克拉里恩—克利珀顿断裂带 165 533 平方千米的海床区域进行深海床采矿勘探活动的执照（USA—1 所指定的）。1984 年 11 月 20 日，海洋矿物公司正式撤销给予其执照区域的精确位置保密对待的请求，并请求国家海洋和大气局告知公众这一事实并公开坐标。

1984 年 10 月 29 日，国家海洋和大气局向肯尼科特财团发行了指导其在太平洋北赤道克拉里恩—克利珀顿断裂带 65 000 平方千米的海床区域进行深海床采矿勘探活动的执照（USA—4 所指定的）。1984 年 11 月 21 日，肯尼科特财团正式撤销对其执照区域的精确位置保密对待的请求，并请求国家海洋和大气局告知公众这一事实并公开坐标。

根据上述请求和《联邦法规汇编》第 15 篇第 970.902（d）（5）项，国家海洋和大气局特此公开海洋矿物公司和肯尼科特财团执照区域的坐标。

海洋矿物公司执照适用于两个区域，界线为以下拐点组成的线：

区域 1

拐　点	纬　　度	经　　度
1	北纬 13 度 40 分	西经 128 度 35 分
2	北纬 11 度 40 分	西经 128 度 35 分
3	北纬 11 度 40 分	西经 131 度 15 分
4	北纬 11 度 30 分	西经 131 度 15 分
5	北纬 11 度 30 分	西经 132 度 00 分
6	北纬 11 度 40 分	西经 132 度 20 分
7	北纬 11 度 40 分	西经 133 度 50 分
8	北纬 12 度 50 分	西经 133 度 50 分

续 表

拐 点	纬 度	经 度
9	北纬 12 度 50 分	西经 132 度 15 分
10	北纬 13 度 20 分	西经 132 度 15 分
11	北纬 13 度 20 分	西经 130 度 00 分
12	北纬 13 度 40 分	西经 130 度 00 分
1	北纬 13 度 40 分	西经 128 度 35 分

区域 2

拐 点	纬 度	经 度
1	北纬 11 度 50 分	西经 145 度 00 分
2	北纬 11 度 50 分	西经 143 度 15 分
3	北纬 10 度 45 分	西经 143 度 15 分
4	北纬 10 度 45 分	西经 142 度 15 分
5	北纬 9 度 45 分	西经 142 度 15 分
6	北纬 9 度 45 分	西经 142 度 45 分
7	北纬 9 度 15 分	西经 142 度 45 分
8	北纬 9 度 15 分	西经 143 度 45 分
9	北纬 10 度 00 分	西经 143 度 45 分
10	北纬 10 度 00 分	西经 144 度 00 分
11	北纬 9 度 45 分	西经 144 度 00 分
12	北纬 9 度 45 分	西经 144 度 45 分
13	北纬 9 度 30 分	西经 144 度 45 分
14	北纬 9 度 30 分	西经 145 度 00 分
15	北纬 11 度 50 分	西经 145 度 00 分

肯尼科特财团执照适用区域界线为以下拐点组成的线：

拐　点	纬　　度	经　　度
1	北纬 14 度 20 分	西经 128 度 00 分
2	北纬 14 度 20 分	西经 126 度 15 分
3	北纬 13 度 45 分	西经 126 度 15 分
4	北纬 13 度 45 分	西经 125 度 20 分
5	北纬 12 度 15 分	西经 125 度 20 分
6	北纬 12 度 15 分	西经 127 度 00 分
7	北纬 11 度 40 分	西经 127 度 00 分
8	北纬 11 度 40 分	西经 127 度 43 分
9	北纬 12 度 00 分	西经 127 度 43 分
10	北纬 12 度 00 分	西经 128 度 00 分
11	北纬 14 度 20 分	西经 128 度 00 分

与海洋矿物公司和肯尼科特财团发布的环境影响报告书中所陈述的公开政策一致，国家海洋和大气局将本公告的副本寄给受领环境影响报告书的个人、组织和机构。

更多信息请联系：约翰·W.巴丹或劳伦斯·J.奥尔巴克，国家海洋和大气局，国家海洋服务中心，海洋和海岸资源管理办公室，海洋矿物和能源部。地址为华盛顿哥伦比亚特区 N.W.，威斯康星大道 2001 号佩奇 1 楼 105 房间，邮政编码 20235，电话（202）653—8257。

日期：1984 年 11 月 23 日。

深海床采矿勘探执照的发行

机构：国家海洋和大气局，商务部。

活动：公告向海洋管理公司发行的受条款、条件和限制约束的勘探执照。

摘要：根据《深海床矿物资源法案》和《联邦法规汇编》第 15 篇第 970 条,国家海洋和大气局在 1984 年 8 月 29 日向海洋管理公司（纽约广场 1 号,纽约,纽约州,邮政编码 10004）发行被条款、条件和限制约束的执照以从事深海床勘探活动,执照区域为 USA—2 指定的位于太平洋北赤道的克拉里恩—克利珀顿断裂带。感兴趣的人允许在下列地址查看执照的副本。

更多信息请联系：约翰·W. 巴丹或劳伦斯·J. 奥尔巴克,国家海洋和大气局,国家海洋服务中心,海洋和海岸资源管理办公室,海洋矿物和能源部。地址为华盛顿哥伦比亚特区 N.W.,威斯康星大道 2001 号佩奇 1 楼 105 房间,邮政编码 20235,电话（202）653—8257。

日期：1984 年 9 月 7 日。

深海床采矿信息可用性

机构：国家海洋和大气局,商务部。

活动：通知海洋管理公司深海床采矿执照区域的地点。

摘要：在 1984 年 8 月 29 日,国家海洋和大气局向海洋管理公司发行了指导其在太平洋北赤道克拉里恩—克利珀顿断裂带 136 000 平方千米的海床区域进行深海床采矿勘探活动的执照（USA—2 所指定的）。海洋管理公司正式撤销对其执照区域的精确位置秘密对待的请求,并请求国家海洋和大气局告知公众这一事实并公开坐标。

根据上述请求和《联邦法规汇编》第 15 篇第 970.902（d）（5）项,国家海洋和大气局特此公开海洋管理公司执照区域的坐标。

海洋管理公司执照适用区域界线为以下拐点组成的线：

区域 1

拐　点	纬　度	经　度
1	北纬 15 度 25 分	西经 134 度 00 分
2	北纬 14 度 00 分	西经 134 度 00 分

拐　点	纬　度	经　度
3	北纬 14 度 00 分	西经 133 度 50 分
4	北纬 11 度 30 分	西经 133 度 50 分
5	北纬 11 度 30 分	西经 136 度 00 分
6	北纬 10 度 50 分	西经 136 度 00 分
7	北纬 10 度 50 分	西经 137 度 50 分
8	北纬 12 度 30 分	西经 137 度 50 分
9	北纬 12 度 30 分	西经 136 度 00 分
10	北纬 15 度 25 分	西经 136 度 00 分
11	北纬 15 度 25 分	西经 134 度 00 分

与海洋管理公司发布的环境影响报告书中所陈述的公开政策一致，国家海洋和大气局将本公告的副本寄给受领环境影响报告书的个人、组织和机构。

更多信息请联系：约翰·W.巴丹或劳伦斯·J.奥尔巴克，国家海洋和大气局，国家海洋服务中心，海洋和海岸资源管理办公室，海洋矿物和能源部。地址为华盛顿哥伦比亚特区 N.W.，威斯康星大道 2001 号佩奇 1 楼 105 房间，邮政编码 20235，电话（202）653—8257。

日期：1984 年 12 月 6 日。

深海床采矿勘探执照的发行

机构：国家海洋和大气局，商务部。

活动：公告向海洋采矿协会发行的受条款、条件和限制约束的勘探执照。

摘要：根据《深海床矿物资源法案》和《联邦法规汇编》第 15 篇第 970 条，国家海洋和大气局在 1984 年 8 月 29 日向海洋采矿协会（博克斯 2 号，格洛斯特，弗吉尼亚州，邮政编码 23062）发行被条款、条件和限制约束的执照以从事深海床勘探活动，执照区域为 USA—3 指定的位于太平洋北赤道的克拉里恩—克利珀顿断裂带。感兴趣的人允许在下列地址查看执照的副本。

更多信息请联系：约翰·W. 巴丹或劳伦斯·J. 奥尔巴克，国家海洋和大气局，国家海洋服务中心，海洋和海岸资源管理办公室，海洋矿物和能源部。地址为华盛顿哥伦比亚特区 N.W.，威斯康星大道 2001 号佩奇 1 楼 105 房间，邮政编码 20235，电话（202）653—8257。

日期：1984 年 9 月 7 日。

深海床采矿信息可用性

机构：国家海洋和大气局，商务部。

活动：通知海洋采矿协会深海床采矿执照区域的地点。

摘要：在 1984 年 8 月 29 日，国家海洋和大气局向海洋采矿协会发行了指导其在太平洋北赤道克拉里恩—克利珀顿断裂带的海床区域进行深海床采矿勘探活动的执照（USA—3 所指定的）。1984 年 10 月 26 日，海洋采矿协会正式撤销对其执照区域的精确位置秘密对待的请求，并请求国家海洋和大气局告知公众这一事实并公开坐标。根据该请求和《联邦法规汇编》第 15 篇第 970.902（d）（5）项，国家海洋和大气局特此公开海洋采矿协会执照区域的坐标。

海洋采矿协会执照适用区域界线为以下拐点组成的线：

区域 1

拐　点	纬　度	经　度
1	北纬 15 度 20 分	西经 128 度 35 分
2	北纬 15 度 20 分	西经 127 度 50 分
3	北纬 15 度 15 分	西经 127 度 50 分
4	北纬 15 度 15 分	西经 127 度 46 分

续　表

拐　点	纬　度	经　度
5	北纬 15 度 44 分	西经 127 度 46 分
6	北纬 15 度 44 分	西经 125 度 20 分
7	北纬 16 度 14 分	西经 125 度 20 分
8	北纬 16 度 14 分	西经 124 度 20 分
9	北纬 16 度 04 分	西经 124 度 20 分
10	北纬 16 度 04 分	西经 123 度 25 分
11	北纬 15 度 44 分	西经 123 度 25 分
12	北纬 15 度 44 分	西经 122 度 20 分
13	北纬 14 度 10 分	西经 122 度 20 分
14	北纬 14 度 10 分	西经 122 度 45 分
15	北纬 13 度 21 分	西经 122 度 45 分
16	北纬 13 度 21 分	西经 123 度 00 分
17	北纬 12 度 56 分	西经 123 度 00 分
18	北纬 12 度 56 分	西经 123 度 35 分
19	北纬 14 度 05 分	西经 123 度 35 分
20	北纬 14 度 05 分	西经 125 度 00 分
21	北纬 13 度 45 分	西经 125 度 00 分
22	北纬 13 度 45 分	西经 126 度 15 分
23	北纬 14 度 20 分	西经 126 度 15 分
24	北纬 14 度 20 分	西经 128 度 00 分
25	北纬 12 度 00 分	西经 128 度 00 分
26	北纬 12 度 00 分	西经 127 度 43 分
27	北纬 11 度 40 分	西经 127 度 43 分
28	北纬 11 度 40 分	西经 128 度 35 分
29	北纬 15 度 20 分	西经 128 度 35 分

　　该区域（大约 156 000 平方千米）包括深海冒险公司（海洋采矿协会的前身，现为其海洋经营单位）在 1974 年 11 月 15 日主张的大约 60 000 平方千米的区域的大部分。当天，深海冒险公司向国务秘书提交了发现的公告和专属采矿权的主张，并广为公布该事实。

　　与海洋采矿协会发布的环境影响报告书中所陈述的公开政策一致，国家海洋和大气局将本公告的副本寄给受领环境影响报告书的个人、组织和机构。

　　更多信息请联系：约翰·W. 巴丹或劳伦斯·J. 奥尔巴克，国家海洋和大气局，国家海洋服务中心，海洋和海岸资源管理办公室，海洋矿物和能源部。地址为华盛顿哥伦比亚特区 N.W.，威斯康星大道 2001 号佩奇 1 楼 105 房间，邮政编码 20235，电话（202）653—8257。

　　日期：1984 年 11 月 7 日。

瓦努阿图
Vanuatu

1981 年第 23 号海域法令 *

---

* 本法令于 1982 年 10 月 6 日开始生效。

附表：群岛基线

1981 年第 23 号海域法

通过：1981 年 12 月 15 日

生效：见本法第 16 条

为了划定本国领海海域，以及附带对其他事项进行规定

本法由总统和国会制定如下：

第一部分　解　释

第一条　解释

在本法中，除非其他上下文另有规定，否则：

"湾"是指一个海岸凹形区域，该区域是一个不小于以凹形入口处连接的直线为直径的半圆形区域；

"岛"是指一个四周被海水所环绕、高潮时高于水面的、自然形成的陆地区域；

"低水位线"是指最新的英国海军部相关地图显示的有关低水位基准线，或者尚未有这样基准的最低潮线。在任何情况下，出于本定义的目的，如

对于最新的英国海军部相关地图有疑问，部长将在《公报》（Gazette）上刊登出该地图；

"海里"指的是一个国际海里，即1 852米。

第二部分　内　水

第二条　内水

瓦努阿图的内水包括测算领海宽度的基线所包围的全部海域，或直线群岛基线所包围的海域，以及群岛基线最内侧界限所包围的所有水域。

第三部分　群岛水域及领海

第三条　瓦努阿图主权

瓦努阿图的主权从陆地和岛屿内水延伸至群岛水域和领海，及其领空和海床、底土。

第四条　群岛水域

1. 群岛水域包括除了附表中界定的群岛基线包含的内水之外的所有水域。

2. 群岛水域最内界应是：

（1）低潮线；或者

（2）就毗邻一个海湾的海域来说：

①如果海湾只有一个入口并且海湾的天然入口点的低潮线之间的距离不超过24海里，则群岛水域最内界是沿着这些低水位点划出的一条封口直线；

②如果海湾有一个以上的入口，且各天然入口之间的低潮线总长度不超过24海里，则群岛水域最内界是沿着各个入口处低水位点划出的一系列封口直线；

③如果①或②都无法适用，则群岛水域最内界是在海湾中从一个低水位处到另一个低水位处划出一条封闭的长度为24海里的直线，以这种方式划出的直线应能够在该长度下尽可能包围出最大面积的水域；并且

（3）在河流存在一个或数个入海口的情况下，其群岛水域最内界是在其河岸的低潮线之间沿着河口划出一条封口直线。

第五条　领海

1. 领海包括从其内界到外界的所有海域，其内界为本条第 2 款规定的基线，其外界为从这些基线沿着朝海方向衡量出的离基线直线距离为 12 海里的线。

2. 领海的测算基线应是群岛基线以及马修岛和猎人岛海岸的低潮线。

第六条　过境权

1. 根据本法规定，所有外国船舶在通过群岛水域和领海时享有无害通过权。

2. 在同负责交通运输的部长协商后，部长将通过在《公报》上刊登命令，对海上航线和空中航线进行指定，以适合外国船舶和飞机在群岛水域和领海及其上空进行连续快速地通过。同时，当船舶按规定航线通行狭窄海峡时，出于保障船舶安全的目的，部长也可以制定分道通航制度。

第四部分　毗　连　区

第七条　毗连区

1. 毗连区是与领海相毗连的区域，其最外界为从测算领海宽度的基线向海方向量起，各点离基线直线距离为 24 海里的线。

2. 关于毗连区，瓦努阿图可以行使权力并采取必要措施，对侵犯其海关、财政、移民、卫生或法律的行为进行阻止或处罚。

第五部分　大陆架和专属经济区

第八条　大陆架

大陆架是指瓦努阿图陆地领土自然延伸至其领海之外的海床和底土区域，直到：

（1）大陆边缘大陆架的最外部界限；或者

（2）如果从领海基线处量起到大陆架最外缘的距离不超过 200 海里，则大陆架的外界为距离领海测量基线处 200 海里的线。

第九条　专属经济区

1. 专属经济区包括毗连于领海的海域、海床和底土，其最外界为从领海测算基线处朝海方向量起，各点离基线直线距离为 200 海里的线。

2. 除非为执行相关国际协议，否则部长可以在公报刊登命令，宣布专属经济区不应延伸到任何指定的海域、海床或底土，除非根据本节的精神这些区域已经包含在专属经济区内。

第十条　瓦努阿图关于大陆架和专属经济区的权利

根据第三条、第七条和第八条的规定，瓦努阿图在大陆架和专属经济区享有：

（1）出于勘探、开发、保护和管理所有资源目的的主权权利；

（2）为便利航运及其他勘探、开发资源的目的，对所必需的人工岛、离岸码头、设施和设备进行建造、维护或运作的专有权和管辖权；

（3）对科学研究进行授权、规范和引导的专属管辖权；

（4）养护和保护海洋环境，防止、控制海洋污染的专属管辖权；

（5）国际法或国家实践所确认的其他权利。

第六部分　其　　他

第十一条　限制行为

除了按照瓦努阿图政府签订的协议或其负责部长授予的许可证外，任何人在大陆架或专属经济区内都不得：

（1）勘探或开采任何资源；

（2）进行任何探测、挖掘或钻探作业；

（3）进行任何研究；

（4）建造、维持或操作任何人工岛屿、离岸码头、设备或其他结构或装置。

第十二条　违反和处罚

1. 发生在群岛水域、领海和专属经济区内违反本法或其他命令的行为都应被视为发生在瓦努阿图。

2. 凡违反本法的可以由任何高级法官在地方法院进行审理。

3. 任何人违反本法或其他命令，应承担不超过100万瓦图币的罚款或5年的监禁，或同时适用相关罚款和监禁。

第十三条　命令

凡是现有法律中没有其他规定，部长可以就以下事项发布命令：

（1）修订附表；

（2）规定大陆架群岛海域、领海以及专属经济区海洋环境的保护与保持；

（3）规范本法第六条和第十五条条规定的航行权和飞行权中关于外国船舶和飞机的行为；

（4）规范群岛海域、领海以及专属经济区内的科研行为；

（5）规范人工岛屿（永久或暂时）的建设、运营和使用，以及群岛海域、领海、专属经济区的其他设施和结构。在这些岛屿、设施和结构周围建立安全区；

（6）规范群岛海域、领海、专属经济区的勘探和开发，其勘探和开发是为了从水、洋流、风中生产能源，或出于其他任何经济目的；

（7）规定其他事项，以充分体现瓦努阿图主权与群岛海域、领海、专属经济区相关的需求；

（8）为了更好地执行本法案之规定及妥善管理做其他规定。

第七部分　过渡及生效

第十四条　大陆架和专属经济区的法律延伸

总统可以听从首相的建议，通过在公报上刊登发布命令：

（1）将此类命令中可能包含的限制和修改扩大适用至瓦努阿图任何有关大陆架、专属经济区及其相关部分的法律中；

（2）为执行此法律而作出规定。

第十五条　海上航路和空中航线的暂行规定

除非依第六条第2款或其他法律的规定指定海上航路或空中航线，否则行使航行权和飞行权应遵循本法或其他法律的规定，通过通常用于国际航行和飞行的路线行使。

第十六条　生效

部长通过公报刊登发布命令，指定本法案的生效日期，且可以为不同的条款指定不同的生效日期。本法开始实施任何条款的任何参考，将成为本条所指使该条款生效的生效日期的参考。

附表（第四部分）：
群岛基线

除非有相反的意思，群岛基线从晓岛（Hiu island）岸礁低潮线的最外点（英国海军部地图 1575 号地点，坐标为东经 166°32′13″.8，南纬 13°04′18″）开始，将下列指定的岛屿低潮线的最外点按照测地线顺序依次连接：

地　点	岛屿地区	坐标点		英国海军部地图编号*
		南　纬	东　经	
1	沃特坦代岛	13°15′10″.8	167°38′10″.5	1575
2	莫塔岛	13°38′46″.8	167°42′25″.5	1575
3	莫塔拉瓦岛的小岛	14°26′22″.9	168°04′10″.2	1575
4	彭特科斯特岛	15°55′38″.4	168°16′32″.5	1575
5	唐荒木岛	17°00′38″.4	168°38′27″	1576
6	艾法特岛	17°41′42″	168°35′10″	1576
7	埃罗芒奥岛	18°42′09″.6	169°17′43″.6	1575
8	富图纳岛礁	19°30′42″	170°13′44″.3	1576

* 第五栏中提及的图标版本是：1979 年 9 月 7 日第 1575 号；1978 年 11 月 24 日第 1576 号。

续　表

地　点	岛屿地区	坐标点		英国海军部地图编号
		南　纬	东　经	
9	富图纳岛	19°32′37″.7	170°13′44″.3	1576
10	安布里姆岛礁接着沿低潮线到点 11	20°11′45″.6	169°53′42″	1576
11	安布里姆岛礁	20°15′30″	169°50′42″.9	1576
12	安布里姆岛礁	20°15′38″.2	169°45′25″.9	1576
13	坦纳岛沿低潮线到点 14	19°34′51″.6	169°16′42″.6	1576
14	塔纳岛	19°27′09″	169°12′39″	1576
15	埃罗芒阿岛	18°52′51″	158°59′03″.6	1576
16	埃法特岛	17°43′09″.6	169°09′02″.4	1576
17	桑托岛礁	16°35′37″.5	167°27′17″.4	1575
18	桑托岛礁	15°39′24″.6	166°45′58″.8	1575
19	圣诞岛	15°24′04″.5	166°38′27″	1575
20	桑托岛礁	14°51′06″	166°32′00″.6	1575
21	桑托布里底群岛海岸	14°44′51″.6	166°32′42″.6	1575
22	晓岛	13°10′21″	166°31′58″.5	1575
23	晓岛珊瑚礁	13°04′18″	166°32′13″.8	1575

二、关于海洋管辖权及相关交流的声明

智　利
Chile

对于东岛和萨莱高米兹岛的声明：海底主权的延伸
（1985 年 9 月 15 日）

外交部向国际社会做出了一项正式申明，表明将主权界限延伸至大陆架 350 海里，并且为这一决定提供了法律基础。

智利政府已知会国际社会，决定将其对东岛和萨莱高米兹岛大陆架的主权 * 的行使延伸至 350 海里。

外交部就这一主题昨日发布了以下的官方声明：

"鉴于：

"1. 智利总统 Gabriel Gonzalez Videla 于 1947 年 7 月 23 日代表其政府，在关于海洋管辖权的官方声明中确认并且宣告，国家拥有领土海岸以及岛屿海岸附近整个大陆架的主权，无论大陆架的深度如何，大陆架上、大陆架内以及大陆架之下所有已发现和未开发的自然财富也都属于智利主权的一部分。

"2. 智利政府与厄瓜多尔和秘鲁于 1952 年 8 月 18 日召开的第一届关于

---

* 尽管根据《联合国海洋法公约》规定，沿海国在大陆架上仅行使主权权利，但是智利主张的是对大陆架行使"全权"，原文如此，下同。——译者

南太平洋的海洋财富的保护与利用大会上签订了海事区宣言。根据这一宣言的第三款第三目规定，对于所指海事区（200 海里以内）的专属管辖权和主权还包括了对其土壤和底土的专属管辖权和主权。

"3. 根据我国签订的 1982 年《联合国海洋法公约》第七十七条第 1 款的内容所示，沿海国为勘探和开发其大陆架自然资源的目的，对大陆架行使主权权利。

"4. 按以上所提到公约的第七十六条第 6 款规定，'虽有第 5 款的规定，在海底洋脊上的大陆架外部界限不应超过从测算领海宽度的基线量起 350 海里'。

"5. 根据以上所提到的公约的第一百二十一条各款所示，'岛屿的领海、毗连区、专属经济区和大陆架应按照本公约适用于其他陆地领土的规定加以确定'。

"在此特别申明：

"（1）智利政府作为太平洋中东岛和萨莱高米兹岛的主权者，向国际社会宣布，其对于这两个岛屿各自的大陆架的主权将延伸至从该两岛确定其领海界限的基线起量的 350 海里。

"（2）智利政府保留其在适当时机做出任何与智利在其其他海洋财产上的主权有关声明的权利。"

厄瓜多尔
Ecuador

大陆架声明
（1985 年 9 月 19 日）

莱昂·费夫雷斯·科尔德罗·里瓦德内拉，厄瓜多尔共和国宪法总统，请谨记：

卡耐基海岭位于厄瓜多尔的大陆领海与加拉帕戈斯群岛周围领海之间的海床上，深度不超过 2 500 米；

科学研究表示，该海域的海床和底土上蕴藏着大量的自然资源；

海洋法承认沿海国家有权将其大陆架范围划定在从 2 500 米等深线起量 100 英里[*]以内；

厄瓜多尔政府有责任保护国家对于大陆架以及大陆架上资源所享有的主权^{**}。

---

* 原文如此，疑似有误，应为"海里"而不是"英里"。因为《联合国海洋法公约》第七十六条第 4 款规定沿海国划定其 200 海里之外大陆架外部界限的方法之一是从 2 500 米等深线量起不超过 100 海里。——译者

** 尽管根据《联合国海洋法公约》规定，沿海国在大陆架上行使主权权利，但是厄瓜多尔主张的是对大陆架行使"主权"，原文如此，下同。——译者

声明：

除了 200 海里领海以内的大陆架和岛架，厄瓜多尔的大陆领海与加拉帕格斯群岛周围的领海之间，从 2 500 米等深线起量 100 海里以内的海床与底土，也归于厄瓜多尔大陆架的一部分。对于以上提及的大陆架，厄瓜多尔当局将针对此作出一系列的法律改革，以保护国家对于该等大陆架主权的行使，改革将与此后厄瓜多尔的立法以及厄瓜多尔和国际社会共同适用的海洋法原则的进一步发展保持一致。

美　国
America

美国总统于 1983 年 3 月 10 日
发表的美国专属经济区宣言

鉴于美国政府愿意依照国际法促进对海洋的广泛开发和合理使用；

鉴于国际法承认：沿海国在本国领土以外并邻接其领海的一片被称为专属经济区的海域内，可对自然资源享有一定的主权权利和相关的管辖权；此外——

鉴于美国经济专属区的建立将会促进海洋资源的开发并加强海洋环境的保护，而不影响对该区域在其他方面的合法使用——这包括其他国家在专属经济区内仍享有航行和飞越的自由；

所以现在，我，罗纳德·里根，依据美国宪法和法律赋予我作为美国总统的权力，特此宣告美国在专属经济区内享有主权权利和管辖权，并确认其他所有国家在该区域内享有的同等权利和自由——其内容如本宣言所述。

美国专属经济区是邻接领海的一个区域，包括与美国、波多黎各自治邦、北马里亚纳群岛自由联邦（在盟约和联合国托管协定所规定的限度内）和美国海外领土和属地的领海相毗邻的所有区域。专属经济区从测算领海宽度的基准线量起，向外延伸至 200 海里。若与邻国的海上边界尚未明确，专属经济区的界线应由美国和相关国家依照公平原则予以定夺。

在国际法允许的限度内，美国在专属经济区内享有：（1）以勘探、开发、养护和管理海床和底土及其上覆水域中的生物和非生物自然资源为目的的主权权利；在该区域内从事经济开发和勘探，如利用海水、海流和风力生产能源等其他活动的主权权利；（2）对建立和使用具有经济意义的人工岛屿、设施和建筑以及保护和维护海洋环境的管辖权。

本宣言不会改变美国现有的有关大陆架、海产哺乳动物、渔业，包括不受美国管辖但需要通过国际协定进行有效管理的高度洄游的金枪鱼种在内的各项政策。

美国将会依照国际法的规则行使这些主权权利和管辖权。

在不损害美国主权权利和管辖权的前提下，其他各国在美国领土及其领海之外的专属经济区内，可以享有航行、飞越、铺设海底电缆和管道的公海自由以及对海洋进行其他国际上认可的合法使用。

白宫新闻秘书办公室
总统于 1983 年 3 月 10 日发表的声明

长期以来，在制定海洋惯例法和协约法的进程中，美国都发挥着领导作用。一直以来，我们都致力于建立相关法律制度以促进世界各国和平利用海洋并对海洋资源进行公平、高效的管理和保护。

美国也承认这些问题会涉及各个国家自身的利益。

去年 7 月，我宣布美国将不会签署于 12 月 10 日开放签字的《联合国海洋法公约》（以下简称《公约》）。我们做出这个决定是因为《公约》中有关深海底采矿的条款，其涉及的几个重大问题与工业化国家的利益和原则相悖，且不利于实现发展中国家的愿望。

不仅是美国在上述问题上有所顾虑。美国几个重要的同盟国和友邦也没有签署该项公约。甚至几个条约国也对这些问题表示出了担忧。

尽管如此，就海洋的传统用途而言，该《公约》也包含了与之相关的各项条款，且这些条款大致肯定了现有的海洋法及其惯例，并且较为公允地平衡了各个国家之间的利益。

今天，在遵循《公约》和国际法中那些公平公正的条款的前提下，我将宣布三项决定来巩固和保护美国在海洋领域的相关利益。

第一，美国准备接受并遵照利益均衡原则履行与海洋传统用途——如航行和飞越——有关的条款。这方面，美国承认其他国家在其海岸线周围海域所享有的权利——正如《公约》中所规定的那样；而前提是只要这些沿海国也能承认美国和其他国家享有国际法中规定的相关权利和自由。

第二，美国将会在遵循《公约》中那些公平公正的条款的前提下，在全球范围内履行并坚持航行和飞越的权利和自由。然而，美国不会默许任何一个国家的单方行为，企图限制其他国家航行和飞越的权利和自由，以及其他相关的公海使用权。

第三，我今天将要宣布美国所拥有的专属经济区，且美国将会对海岸线向外延伸至200海里的区域内，对生物和非生物自然资源行使主权权利。这将会使得美国享有对不包括大陆架在内200海里之内的矿藏行使管辖权。最近在专属经济区内发现的海底沉淀物很可能就是未来的战略性矿产资源。

在此区域内所有国家都可以行使公海上的权利和自由，包括航行和飞越的自由。前提是与资源无关。该宣言不会改变美国现有的有关大陆架、海洋哺乳动物、渔业，包括在美国管辖之外频繁迁徙的金枪鱼类的政策。美国将继续作出努力，寻求国际上的合作来有效地管理此类物种。宣言也会强调政府促进渔业发展的政策。

虽然国际法对在此类区域中的海洋科学研究有管辖权，宣言并不会维护这项权利。我选择这样做是出于美国鼓励海洋科学研究的需要，避免为其造成不必要的负担，但美国仍然承认其他沿海国家对其200海里海岸线以内的海洋科学研究的管辖权，前提是这种管辖要以符合国际法的方式行使。

今天所建立的专属经济区可以使美国在有限的额外程序中保护海洋环境。美国将继续与国际海事组织以及其他一些合适的国际组织合作，在国际上制定统一的措施来保护海洋环境，并且将不会给商业海运造成不合理的负担。

今天我所宣布的政策决定将不会影响美国现有的公海有关海洋法律的

55522966625674551464553555555555445

应用，也不会影响任何现存美国政府机构的权威。

以上政策以外，美国将继续寻求与其他国家合作，建立一个不受多余的政策上和经济上束缚的体制，在国家管辖之外，开发深海海床的矿藏。在对所有国家开放的公海上，深海海床的采矿将仍然是一项合法行使自由权利的活动。美国仍将允许美国公司勘查这些资源，并且在市场允许的时候，开采这些资源。

政府期望与国会在立法事宜上合作，以期推行相应政策。

诸多东欧社会主义国家就有关美国总统于 1983 年 3 月 10 日就其专属经济区的建立的宣言以及同日就其海洋政策发表的声明一事作出声明

1983 年 4 月 8 日苏维埃社会主义共和国联盟代表团作为主席在出席筹备委员会的全体会议时发布

第一届国际海床管理局和国际海洋法法庭的筹备委员会中的东欧（社会主义国家）集团认为有必要就以上提到的美国总统所发布的宣言和声明的内容作出一系列有关的声明。

从对于这些文件所进行的分析中可以看出：首先，美国一直在以选择性的方式适用《联合国海洋法公约》，尽管这种方式被认为是不合法的，并且受到 1982 年 12 月《联合国海洋法公约》会议的最后一届会议中绝大多数国家的强烈谴责。美国不仅拒绝在公约上签字，拒绝承担该公约所规定的义务，并且公开宣布不承认公约的第十一部分，该部分涉及开发的原则和对海床资源的开发利用。同时，美国有意要适用公约的独立条款以便为自己单方面谋求好处。

不仅如此，美国总统所发布的声明可以证实，美国试图基于其单方面的行动以及与其同盟的单独协议，来继续在国际海洋底土领域实施欺骗和违反公约的行为。这些行为显然是为了占用资源而设计，而这些资源早被联合国宣布为"人类共同继承的遗产"。

　　所有以上都可以证明美国在不停地违反《联合国海洋法公约》。公约在其序言中强调过，该公约"具有重要的历史意义"，并且"将为加强所有国家间的和平、安全、合作和友好关系作出贡献"。

　　因此，在联合国海洋法大会第 77 组的最后一届会议上，来自许多国家的代表团以及大会主席总结了所有地区集团的意见，作出了相关声明。该声明反映出绝大多数签署国认为美国诸多行为不合法，然而对于这些意见，美国仍持无视态度。联合国大会第三十七届会议作出了决议，呼吁所有国家"拒绝任何旨在破坏公约和导致其对象和目标失败的行为"。

　　不仅如此，从以上所提到的美国作出的文件中可以看出，美国与公约的斗争进入了一个新的阶段：如果说早前美国试图通过对公约的个别部分下手以达到削弱公约的目的，现在美国则是在攻击整个公约。显然美国政府所作出的宣言和声明都是为了达到某些长远的目的，比如消除公约，用一系列涉及海洋重要问题的单方行动以及就此问题与其他个别国家签订的独立协议来代替公约。

　　该等行为事实上都是现任美国政府外交总策略的一部分。该策略旨在在损害别国国家利益的基础上单方面为美国牟利，并且会造成国家之间对立的紧张局势，造成国际局势的对峙和恶化。

　　为了传递第 77 组的意见，确认该组在 1983 年 3 月 24 日提出的声明，即一国若不承担公约所规定的义务，则无权享有公约所包含的权利和特权。对于美国在前文所提及的，由其总统所宣布的宣言和声明中所作出的单方面行动，东欧（社会主义国家）集团表示将强烈谴责。

　　东欧（社会主义国家）集团表示，美国将为其所采取一切违抗公约规定和旨在破坏公约来保证其在海洋有关事宜以及利用海洋资源中所单方取得利益的行为承担全部责任。

　　东欧（社会主义国家）集团要求将此声明在筹备委员会中作为正式文件传播。

1983 年 4 月 23 日苏维埃政府作出的声明 *

美国政府就其关于世界海洋及海洋资源的使用的相关政策作出了一项声明。

在声明中，美国表明其仍旧无意签署新的《联合国海洋法公约》，并宣称其有意使用其自身的自由裁量权来处理世界海洋资源的相关问题。本质上，它非常坦白地表明一个观点：希望建立一个就不在任何一个国家管辖范围内的海床和海底矿物质开发上有任何政治上的和经济上的限制的体制。

现任美国政府不顾绝大多数参与制定和签署《联合国海洋法公约》国家的共同观点，公然地表明美国垄断者将任意的、不受控制地占用世界海洋的矿产和其他资源。

同时，美国宣称沿其海岸向外 200 海里的宽度建立一个专属经济区，在这个范围内其就海洋的生物资源和非生物资源行使全部主权。

此声明将导致华盛顿只遵守《联合国海洋法公约》中的个别条款，这些主张不应该误导任何人。

这仅仅是一项不合时宜的策略。美国不签署《联合国海洋法公约》并且不承担它的任何义务，却希望它与其自身狭窄的个人利益相符合，以利用签署《联合国海洋法公约》而获得的权利和利益。因此，它无视了一个不可争的事实：《联合国海洋法公约》是一个不可分割的整体。它由"一揽子"仔细地、经深思熟虑而签订的就所有与海洋体制和利用海洋生物、矿产资源紧密相关的问题而签订的协议组成。任何试图专断地挑出公约的个别条款而拒绝遵守其他条款的行为，与公约里设定的海洋法律秩序相矛盾，也有损于其他国家的合法权益。

十分明显的，作为少数拒绝签署《联合国海洋法公约》的国家之一，美国正竭尽全力创造一个假象为其单边行动找一个正当理由，并且试图设法使其关于世界海洋和资源的完全不合法的声明合法化。

众所周知，在联合国大会对于海洋法的多年努力的过程中，美国无数次试图阻碍所达成的平衡的成果，并且试图建立一个由其自身管理世界海

---

* 之前于 1983 年 4 月 29 日作为文件 A/38/175 发布。

洋的特殊体制。华盛顿被一个目的所引导——尽可能多地攫取利益。这些主张被联合国大会的成员所抵抗。

《联合国海洋法公约》现在已经有超过 120 个国家签署，公平地考虑了所有国家和国家集团的利益。值得一提的是，其中的一些条款是基于美国自身原本提出的建议而制定。但是清楚的是，对于现任美国政府来说，它已经成为取消之前协定的行为通则。对于那些谋求无限利用海洋资源的美国大垄断者来说，美国政府正试图破坏公约，并同时对其他的国家强加阻碍。理所当然的，美国总统的决定仅仅是作为筹备委员会的声明，考虑《联合国海洋法公约》有关海底资源利用的条款履行的实际问题的任务正刚刚开始。

现任美国政府的行动就是试图就海洋利用的问题创造混乱，并且破坏国家间在这个极其重要的人类行动上互惠合作的基础，这不得不导致大多数国家的严重担忧。苏联与其他国家有着同样的担忧，并且坚决拒绝美国政府所谋求的像其他领域一样的专断行为政策。

必须注意到，美国试图为其自身在世界海洋上寻求无根据的特权，也试图巩固美国垄断者垂涎已久的，其在联合国托管岛屿和周围海域上的不合法要求。

华盛顿人民将不得不意识到他们联合抵制和破坏新的、全面的《联合国海洋法公约》，并就海床资源利用采取专断行动，违背了绝大多数国家的利益并被他们坚决地谴责。《联合国海洋法公约》就海洋体制所设定的法律秩序适用于所有的国家，这不能也不应该被任何一个国家无视，包括美国。

越 南
Vietnam

越南社会主义共和国政府
于 1982 年 11 月 12 日就越南领海基线作出的声明 *

　　为了执行领海声明第一段的条款的规定，越南社会主义共和国政府于 1977 年 5 月 12 日经越南社会主义共和国国民大会常务委员会批准，发布毗连区、专属经济区、大陆架。

　　越南社会主义共和国政府就领海基线（越南的领海宽度从该基线开始测量）作出如下声明：

　　1. 越南大陆领土的领海从该基线开始测量，该基线由连接各点的直线组成，各点坐标列于附录中。

　　2. 越南的领海基线始于点 0——测量越南社会主义共和国和柬埔寨人民共和国领海宽度的两条基线的交点，坐落于海中连接土珠群岛（Tho Chu）和威岛（Poulo Wai）的线上——终于昏果岛（Con Co），应按照附录中越南人民海军于 1979 年前发布的 1：100 000 的比例尺海图中列出的坐标画出。

　　3. 北部湾（Bac Bo）是位于越南社会主义共和国和中华人民共和国之间

---

* 之前于 1982 年 12 月 6 日作为文件 A/37/697 发布。

的海湾。该海湾中越南与中国的海洋边界根据 1887 年 6 月 26 日法国与清朝签订的边界界限条约所描绘[*]。

属于越南的部分海湾组成历史性水域，并且属于越南社会主义共和国内水的司法主权。

从昏果岛到海湾入口的基线将根据解决海湾封闭线问题的方法来确定。

4. 测量黄沙群岛（Hoang Sa）和长沙群岛（Truong Sa）领海宽度的基线将按照越南社会主义共和国政府于 1977 年 5 月 12 日发出的声明的第 5 段的方法确定[**]。

5. 基线之内、面向海岸或岛屿的海域构成越南社会主义共和国的内水。

6. 越南社会主义共和国政府主张，与相关国家就不同海域和大陆架的不同主张将在相互尊重国家独立和主权，遵守国际法和实践的基础上，通过协商解决。

附　录

建立起始基线以测量越南领海宽度的点的坐标

点	地理描述	纬度（北纬）	经度（东经）
0	越南社会主义共和国和柬埔寨人民共和国历史性水域的西南划界线		
A1	Nhan 岛，Tho Chu 群岛，Kien Giang 省	09°15′0	103°27′0
A2	Da Le 岛，Hon Khoai 岛东南部，Minh Hai 省	08°22′8	104°52′4
A3	Tai Long 小岛，Con Dao 岛，Con Dao Vung Tau 行政区	08°37′8	106°37′5
A4	Bong Lang 小岛，Con Dao 岛	08°38′9	106°40′3

---

[*] 中国历来反对越南此声明内容。经过外交谈判，中越于 2000 年 12 月签署了北湾海上边界协定，正式划定了两国在北部湾的海上界限。——译者
[**] 越南此处所谓的黄沙群岛和长沙群岛系指中国的西沙群岛和南沙群岛。对越南非法领土要求，中国从未以接受或认可。此处仅为了保持翻译资料的完整性，按照原文予以译出，绝不代表我们认同其主张。——译者

点	地理描述	纬度（北纬）	经度（东经）
A5	Bay Canh 小岛，Con Dao 岛	08°39′7	106°42′1
A6	Hon Hay 小岛（Phu Qui 群）Thuan Hai 省	09°58′0	109°05′0
A7	Hon Doi 小岛，Thuan Hai 省	12°39′0	109°28′0
A8	Dai Lanh 角，Phu Khanh 省	12°53′8	109°27′2
A9	Ong Can 小岛，Phu Khanh 省	13°54′0	109°21′0
A10	Ly Son 岛，Nghia Binh 省	15°23′1	109°09′0
A11	Con Co 岛，Binh Tri Thien 省	17°10′0	107°20′6

1982 年 11 月 28 日中国的声明 *

在 1982 年 11 月 12 日有关越南领海基线的声明中，越南政府毫无依据地声称 1887 年中国与法国签订的边界条约确定了中越两国的海洋边界线在北部湾，甚至称中国的西沙群岛和南沙群岛为越南的岛屿，宣称此将作为越南的领海基线被划定。这是在有意地曲解中越两国的历史边界条约，严重侵犯了中国的主权和领土完整。

必须要指出的是，1887 年中国与法国签订的中越边界条约从未以任何方式界定北部湾的海洋区域。因此，北部湾的海域从来不存在海洋边界线。在 1973 年 12 月 26 日，越南政府正式向中国政府声明"由于越南处于战争状态，北部湾水域至今未在两国间划界"。这清楚地表明，起初，越南政府也承认中国与越南并未在北部湾划界。

中华人民共和国政府在此郑重声明，越南政府主张的所谓在北部湾的边界线是不合法的、无效的，并且重申西沙群岛和南沙群岛是中国领土神圣而不可分割的一部分。

---

* 之前于 1982 年 11 月 30 日作为文件 A/37/682–S/15505 发布。

越南政府关于越南领水基线的声明充分揭示出：越南政府想占有北部湾的大片海域来扩张其领土，并且侵占中国的领土。这也是有意进一步恶化中越两国关系的新步伐。越南政府必须为由此产生的所有严重结果承担全责。

1983 年 12 月 5 日法国照会

法国常驻联合国代表向联合国秘书长表示感谢，并有幸就 1982 年 11 月 12 日越南社会主义共和国政府作出的有关越南领海基线的叙述作如下声明，该声明已经作为联合国大会的官方文件标号 A/37/697 发布。

法国政府主张点 A1 和 A7 之间的越南领海基线的划定，不符合已经确立的适用于该问题的国际法规则，《联合国海洋法公约》第 7 条可以体现出这一点。因此，此段基线不能被调用于法国政府。

此外，越南主张其管辖区域内的东京湾（即北部湾，Bac Bo）构成历史性水域，而法国政府并不知道任何可以证实越南此主张的权利。

法国常驻联合国代表利用本次机会向联合国秘书长重致其崇高的敬意。

泰国 1985 年 11 月 22 日的声明 *

泰国外交部就越南有关所谓的历史性水域和基线划定的声明

泰国外交部作出如下处理和声明：

1. 所谓的 "1982 年 7 月 7 日越南社会主义共和国政府与柬埔寨人民共和国政府间就越南和柬埔寨两国间历史性水域的协议"，该协议于 1982 年 7 月 8 日通过越南新闻通讯社在河内发布。

---

* 之前于 1985 年 12 月 12 日作为文件 A/40/1033 发布。

2. 越南社会主义共和国政府于 1982 年 11 月 12 日关于越南领海基线的声明，作为联合国大会的一项官方文件发布（A/37/697，1982 年 12 月 6 日）。

3. 越南社会主义共和国政府于 1984 年 6 月 5 日关于越南领空的声明，作为联合国大会的一项官方文件发布（A/39/309，1984 年 6 月 21 日）。

泰国政府仔细研究了上述协议和声明中所坚持的主张，并希望就此发表自己如下的立场：

有关所谓的"历史性水域"的主张，意图占有和所有泰国湾和东京湾（Bac Bo 湾）到泰国内水的某片海域。泰国政府认为，基于国际法适用的原则和规则，这一主张是不正当的。

有关确定测量越南领海和其他水域宽度的基线的声明，泰国政府认为越南政府在点 0 和点 A7 之间领海基线的划定不符合已确立的国际法规则，该规则编纂于 1958 年 4 月 29 日颁布的领海与毗连区公约第 4 条，于蒙特哥贝达成的、越南也签署的《联合国海洋法公约》第 7 条再一次确立。

至于越南有关领空的声明，意图确定越南在泰国湾和东京湾所谓的"历史性水域"的主权，以及在上述基线内水域附着的领空的主权，泰国政府坚持之前提到的观点，认为上述主张违背国际法，一定要坚决反对。

因此，泰国政府保有国际法下就有关海域和其上领空的所有权利。

附带地，有关越南和柬埔寨间所谓的历史性水域的协议，泰国政府希望重申，所谓的柬埔寨人民共和国政府不代表，也不能被认为可以代表柬埔寨作出任何行为，只有诺罗敦·西哈努克亲王领导下的民主柬埔寨联合政府，才是在联合国被广泛承认的唯一合法政府，才可以代表柬埔寨。因此，所谓的越南人民共和国政府意图达成的或已经达成的任何协议或声明完全不具备任何法律效力。

三、条 约

大加勒比海地区海洋环境保护和发展公约以及
大加勒比海地区防止石油泄漏合作草案
（1983 年 3 月 24 日）

大加勒比海地区海洋环境保护和发展公约

诸缔约方，充分认识到大加勒比地区海洋环境（包括沿海地区）的经济和社会价值，

意识到他们为当代人和后人的利益和享受，在保护大加勒比地区海洋环境的责任，

认识到该地区特殊的水文和生态特点及对污染承受的脆弱性，

进一步认识到污染和在发展过程中缺乏对环境因素的充分整合所带来的对海洋环境、生态平衡所带来的威胁，

考虑到对大加勒比地区海洋环境生态系统的保护是他们的主要目标之一，

充分认识到彼此之间以及与主管国际组织之间合作的需要，以确保无环境损害的协调和全面发展，

认识到巩固对现行国际海洋污染协定的更广泛的共识的意愿，

认识到尽管已经取得一些进展，但是这些协定并未覆盖环境恶化的各个方面，也没有完全满足大加勒比地区环境保护的特殊要求，

兹协定如下：

第一条　公约区域

公约应适用于大加勒比地区（以下简称公约区域，公约区域的界定参见第二条第一款）。

除本公约的任何协定另有规定外，公约区域不包括缔约方的内水。

第二条　定义

基于公约的目的，"公约区域"系指以下海洋环境：

墨西哥湾；

加勒比海及其毗邻的大西洋区域；

北纬30度以南，公约第二十五条所指的国家的大西洋海岸200海里内的区域。

"公约组织"系指指定执行第十五条第一款所列举的职能的机构。

第三条　总则

缔约方应致力于缔结旨在保护公约区域海洋环境的双边或多边（区域性的或次区域性的）协定。该协定应与公约和国际法一致。该协定的副本应递交公约组织，并通过公约组织送交本公约的所有签署国和缔约方。

本公约及其议定书的解释，应与本公约及其议定书的标的物相关的国际法一致。本公约或议定书中的任何内容，均不应被视为影响根据以前达成的各项协定的缔约方所承担的义务。

本公约或议定书的任何约定不得影响任一缔约方，有关其海事管辖性质和范围的现在或将来的索赔或法律意见。

第四条　一般义务

各缔约方应单独或共同地采取一切符合国际法、公约及其议定书的适当措施和使用符合公约目的力所能及的手段，以防止、减少、控制公约区域的污染和确保健全的环境管理。

缔约方在采取第一款所述的措施时，应确保此措施的实施不会导致公约区域以外海洋环境的污染。

缔约方应在制定和通过协定及其协议方面坦诚合作，以促进本公约的有效实施。

缔约方应采取符合国际法的适当措施，有效履行本公约及其议定书规定的义务，并努力协调此方面的政策。

为有效实施本公约，缔约方应与主管国际组织、区域组织、次区域组织合作。缔约方应协助彼此履行本公约及其议定书所规定的义务。

第五条　船舶污染

各缔约方应采取一切适当措施，防止、减少和控制因船舶排放造成的对公约区域的污染，并基于此目的，确保主管国际组织制定的相关国际规则和标准的有效实施。

第六条　倾倒污染

各缔约方应采取一切适当措施，防止、减少和控制由船舶、飞机或海上人工构造物、倾倒废物和其他物质而引起的公约区域污染，并确保有关国际规则和标准的有效实施。

第七条　陆地来源污染

缔约方应采取一切适当措施，以防止、减少和控制因沿岸弃置、河流、河口、海岸设施、排水口构造物或其领土上任何来源的排放所导致的公约区域污染。

第八条　海床活动污染

各缔约方应采取一切适当措施，以防止、减少和控制由勘探和开采海床及其底土所直接或间接带来的公约区域污染。

第九条　大气污染

各缔约方应采取一切适当措施防止、减少和控制其管辖范围内的活动对大气排放所导致的公约区域污染。

第十条　特别保护区

各缔约方应单独或共同地采取一切适当措施，以保护和维护公约地区稀有的或脆弱的生态系统、枯竭的栖息地、濒危物种。为此，缔约方应努力建设保护区。保护区的建设不应影响其他缔约方或第三国的权利。此外，缔约方应交流有关此区域的行政及管理的资讯。

第十一条　紧急状态下合作

各缔约方应合作采取一切必要措施，应对公约区域内的污染突发事件，而不论该事件发生的原因，并控制、减少或消除污染或由此产生的污染威胁。为此，缔约双方应单独和共同地发展和促进应对涉及公约区域污染或污染威胁事件的应急计划。

当缔约方意识到公约区域被污染或有被污染的迫切威胁时，其必须立即通知有可能受此污染影响的国家和主管国际组织。并且，其应尽可能通知上述国家及公约组织其为降低或减少污染或污染威胁所采取的措施。

第十二条　环境影响评估

作为其环境管理政策的一部分，缔约方承诺开发技术及其他方针，以协助其主要开发项目的规划。以此来防止或减少对公约区域的有害影响。

每一缔约方应竭尽所能评估或确保评估此种项目对海洋环境，特别是对沿海地区的潜在影响。因此，可以采取适当措施防止对公约区域的任何重大污染或重大有害变化。

对于第二款所指评估，每一缔约方应（或在公约组织应要求的帮助下）制定信息交流的程序，并可酌情邀请可能受到影响的缔约方参与磋商、提出意见。

第十三条　科技合作

缔约方承诺直接或者适当时通过主观国际和区域组织，在关乎本公约宗旨的科研、监测、数据和其他科学资讯交流方面进行合作。

为此，缔约方承诺制定和协调有关公约区域的研究和监测方案。为产生兼容成果的需要，各缔约方通过与主管国际和区域组织进行合作，确保其研究中心和研究机构之间保持必要联系。为进一步保护公约区域，缔约方应努力参与有关污染研究和监测的国际举措。

缔约方承诺直接或者适当时通过主观国际和区域组织，在为其他缔约方提供有关公约区域污染和健全的环境管理领域的技术和其他支持方面进行合作，并考虑小岛屿发展中国家和地区的特殊需求。

第十四条　责任和补偿

在有关公约区域污染导致的损害法律责任和补偿责任的合适规则和程序方面，缔约方应合作制定通过。该规则和程序需符合国际法。

第十五条　体制安排

缔约方制定联合国环境规划署实施以下秘书职能：

筹备和召集第十六条、第十七条、第十八条规定的缔约方会议；

执行本公约议定书所赋予的职能；

研究来自缔约方的资讯和咨询，并与其协商本公约、议定书、附件的相关问题；

统筹协调第十六条、第十七条、第十八条所规定的缔约方会议达成共识的一致行动的实施；

确保与缔约方认可的其他国际机构进行必要的协调；

出于公约及其议定书的目的，每一缔约方应指定一个适当的机关作为与公约组织沟通的渠道。

第十六条 缔约方会议

缔约方应召开每两年一次的常务会议，或在必要时经缔约方或公约组织请求，缔约方多数通过，召开特别会议。

经常审议本公约及其议定书的实施是缔约方会议的功能，特别是：

定期评估公约区域国家的环境状况；

研究缔约方根据第二十二条所提交的资讯；

通过、审查、修改本公约及其议定书的附件，保证与第十九条一致；

对本公约或议定书的任何附加议定书或修正案的通过，提出符合第十七条和第十八条的建议；

根据需要建立工作组，研究设计本公约及其议定书、附件的任何事宜；

研究合作行动（包括其财政和体制影响）在公约及其议定书的框架内开展，并采取有关的决议；

出于实现本公约及其议定书目的的需要，研究、采取其他任何行动。

第十七条 议定书的通过

缔约方在全权代表会议上可根据第四条第三款通过本公约的附加议定书。

应多数缔约方的要求，公约组织应召集旨在本公约附加议定书的全权代表会议。

第十八条 公约及其议定书的修订

任一缔约方可提出针对本公约的修正案。修正案应在应多数缔约方要求，公约组织召集的全权代表会议上通过。

本公约的任一缔约方可提出针对任何议定书的修正案。此种修正案需在应该议定书有关的多数缔约方要求下，公约组织召集的全权代表会议上通过。

修正案的文本应至少在全权代表会议开幕之前九十天通过公约组织递交各缔约方。

针对本公约的修正案，应由全权代表会议代表的公约缔约方四分之三多数票表决通过，并由保管处提交公约缔约方认可。任何议定书的修正案，应由全权代表会议代表的该议定书缔约方四分之三多数票表决通过，并由保管处提交该议定书缔约方接受。

修正案批准、接受、核准的文书应交存保存处。接受根据第三款通过的修正案，至少四分之三的公约缔约方或议定书有关缔约方（缔约方视修正案情形而定）的文件回执被保存处收到之日的三十日，缔约方接受该修正案的，则修正案在接受国之间生效。

此后，该修正案于其他缔约方交存其文书的第三十天在该缔约方间生效。

公约修正案或议定书修正案生效之后，公约或此议定书的任何新缔约方即为修正后的公约或议定书的缔约方。

第十九条　附件以及附件的修正案

公约的附件或议定书的附件构成公约的组成部分，或视情形而定构成该议定书的组成部分。

除任何议定书及其附件另有规定外，以下程序应适用于公约附件修正案或议定书附件修正案的通过与生效：

任一缔约方均可在根据公约第十六条召集的会议上，提出公约附件或任何议定书附件的修正案；

该修正案应当由出席第十六条提及会议的有关文书的缔约方四分之三多数票通过；

保存处应毫不迟延地将通过的修正案送达所有公约的缔约方；

不能接受公约附件修正案或任何议定书附件修正案的缔约方应在修正案通过的九十天内通知保存处；

保存人应毫不迟延地知会所有缔约方依照前款收到的通知；

期限届满时，附件修正案对公约所有缔约方生效，或者对该议定书相关的，未按照该项规定提交通知的缔约方生效；

缔约方任何时候可以以接受通知替代之前的反对声明，则修正案对该缔约方立即生效。

新附件的通过和生效应与附件修正案的通过和生效程序一致，考虑到如果它需要一个公约修正案或议定书修正案，那么新附件在修正案生效之前不会生效。

有关仲裁附件的任何修正案的提出、通过和生效，应遵从第十八条规定的程序。

第二十条　议事规则和财务规则

缔约方会议的议事规则应由其一致通过。

缔约方应在其作为缔约方的公约和议定书框架内，一致通过财务规则，并与组织协商决定特别是财政参与事项。

第二十一条　投票权的特别行使

第二十五条所提述的区域经济一体化组织在其职权范围内，行使表决权的票数与其为公约或一个议定书缔约方的成员国表决权票数相等。当其有关成员国行使表决权时，该组织无权投票，反之亦然。

第二十二条　资讯交流

缔约方应以其决议的方式和期限，将其为实施公约和相关议定书采取的措施知会公约组织。

第二十三条　争端解决

缔约方之间有关公约或其议定书解释或适用的争端，缔约方应通过谈判或其选择的其他和平方式解决。

如果相关缔约方不能通过前款所述方式解决争端，则本公约任何议定书另有规定外，该争端应将共同协议提交仲裁附件所列条件的仲裁。但是，未能达成提交仲裁解决争端的共同协议，不得免除缔约方继续寻求第一款所述方式解决争端的责任。

当涉及其他同样接受此种义务的任何其他缔约方时，缔约方可随时声明将仲裁附件所设仲裁程序之适用，作为强制性事实并此外无特殊协议。此种声明应书面通知保存处，并由保存处送达其他缔约方。

第二十四条　公约与其议定书的关系

除非同时成为一个以上公约议定书的缔约方，否则任何国家或区域经济一体化组织不得成为公约的缔约方。除非其是或者同时成为公约的缔约方，否则任何国家或区域经济一体化组织不得成为某一议定书的缔约方。

有关议定书的任何协议，仅由该议定书有关的缔约方实施。

第二十五条　签署

关于合作应对大加勒比地区漏油的公约和议定书，将由受邀参加 1983 年 3 月 21 日到 24 日之间在卡塔赫那举办的大加勒比地区海洋环境保护和开发全权代表会议的国家，于 1983 年 3 月 24 日在卡塔赫那和于 1983 年 3 月 25 日至 1984 年 3 月 23 日之间在波哥大供开放签署；也在相同日期供符合以下条件的任何区域经济一体化组织开放签署：

管辖区域被公约和该议定书覆盖；

至少一个成员国属于大加勒比地区。

供其开放签署的原因是考虑到其已被邀请参加全权代表会议。

第二十六条　批准、接受、核准

本公约及其议定书须经国家批准、接受、核准。批准、接受、核准的文件由承担保管职能的哥伦比亚共和国政府保管。

本公约及其议定书须经第二十五条所述、拥有至少一个公约缔约方作为其成员国的组织批准、接受、核准。在其批准、接受、核准的文件中，该组织应声明其对公约和相关议定书管辖事项的职权范围。该组织职权范围的任何重大修改，应知会保存处。

第二十七条　加入

公约和相关议定书签署日结束后，其供第二十五条所指的国家和组织开放加入。

本公约及其任何议定书生效后，第二十五条未提及的任何国家或组织，均可经四分之三的公约缔约方或相关议定书缔约方事先同意而加入。考虑到此种区域经济一体化组织的主管范围被公约和相关议定书所覆盖，并且其至少一个成员国属于大加勒比地区且为公约和相关议定书的缔约方。在其批准、接受、核准的文件中，第一款、第二款所指组织应声明其对公约和相关议定书管辖事项的职权范围。该组织职权范围的任何重大修改，也应知会保存处。

加入文件交存于保存处。

第二十八条 生效

关于合作应对大加勒比地区漏油的公约和议定书，将于第二十五条所指的国家的批准、接受、核准文件或加入文件的第九份送交保存日之后的第三十天生效。

本公约的任何附加议定书，将于批准、接受、核准该文件或加入该文件的第九份送交保存日之后的第三十天生效，除非该议定书另有规定除外。

根据第一款和第二款的旨意，第二十五条所指的组织保存的任何文件，不视为该组织的任何成员国保存文件的附加文件。

此后，对于第二十五条或第二十七条所指国家或组织，本公约和任何议定书于其批准、接受、核准或加入文件交存之日后的第三十天生效。

第二十九条 退约

公约对某一缔约方生效之日两年后，该缔约方可以书面通知保存处的方式退出公约。

公约议定书对某一缔约方生效之日两年后，该缔约方可以书面通知保存处的方式退出该议定书，除非该议定书另有规定除外。

保存处收到退约通知后的第九十日退约生效。

退出公约的缔约方即视为同时退出其为缔约方的公约议定书。

退出某一公约议定书的缔约方，不再是公约任何议定书的缔约方，其同时被视为退出公约本身。

第三十条 保存处

保存处应通知签署国、缔约方、公约组织以下事项：

本公约及其议定书的签署，批准、接受、核准文书或加入文书的交存；

各缔约方的公约或任何议定书生效日期；

退约通知及其生效日期；

通过的公约或任何议定书修正案，缔约方接受及其生效日期；

有关新附件和任何附件修正案的一切事宜；

区域经济一体化组织对公约和相关议定书管辖事项的职权范围的通知，及其任何改动通知。

本公约及任何议定书的正本应交存于保存处——哥伦比亚共和国政府。

保存处应将经认证的公约及其任何议定书副本送达签署国、缔约方和公约组织。

根据联合国宪章第一百零二条，公约及其议定书一旦生效，保存处应提交经认证的相关副本文件至联合国秘书长处，以登记和出版。

经各自政府正式授权，签署本公约，以下签字以昭信守。以英语、法语、西班牙语的单一副本，完成于 1983 年 3 月 24 日，卡塔赫那。三种文本同等作准。

附　件

仲　裁

第一条

除非第二十三条中公约所指的协议另有规定外，仲裁程序应按照下文第二条至第十条进行。

第二条

原告方应通知秘书处，各方已同意按照公约第二十三条第二款、第三款之规定，将争端提交仲裁。该通知应说明仲裁的标的，其中应特别包括涉及争端的公约或议定书条文、解释及其适用。秘书处应将所收到的资讯送达所有的公约缔约方或者相关议定书的缔约方。

第三条

仲裁庭应当由三名仲裁员组成。每一争端方任命一名仲裁员，此两名仲裁员共同指定第三名仲裁员。第三名仲裁员为首席仲裁员。首席仲裁员不得为争端方任一国家的国民，不得在争端方境内有惯常居所，不得受雇于任一争端方，也不得与本案有任何其他利害关系。

第四条

如第二名仲裁员指派后的两个月内未指定首席仲裁员，联合国秘书长应任一方要求，在两个月内指定一名首席仲裁员。

如争端当事方之一在收到请求后两个月内没有指派一名仲裁员，另一方可通知联合国秘书长两个月内指定一名首席仲裁员。经指定，首席仲裁员应要求未指派仲裁员的一方在两个月内指派。期满后，首席仲裁员应通知联合国秘书长两个月内指定一名仲裁员。

第五条

仲裁庭应按照国际法、公约、议定书或相关议定书的规定作出仲裁。

任何根据本附件的规定组成的仲裁庭应制订其程序规则。

第六条

仲裁庭的裁决（无论是实体还是程序），均应由其仲裁员多数票通过。

仲裁庭可采取一切适当措施查清事实。其可应任一方请求、建议采取必要的临时保全措施。

争端各方应提供一切必要便利，以使仲裁有效进行。

争端一方缺席仲裁不妨碍仲裁的有效进行。

第七条

仲裁庭可受理和裁决因争议标的直接引起的反诉。

第八条

除非仲裁庭根据案件具体情况另有决定，仲裁庭之开支（包括其人员之薪酬）由争端方平摊。仲裁庭应保留所有开支记录，并提交一份最终费用说明给争端方。

第九条

与争端标的有法律上的利害关系，且可能受到此案裁决影响的任何缔约方，经仲裁庭同意，可参加该仲裁程序。

第十条

仲裁庭应在其成立之日起 5 个月内作出仲裁裁决。除非其认为有必要延长结案期限，但是该期限不得超过 5 个月。

仲裁庭的裁决应附有作出此裁决的理由。该裁决是终局的，且对争端方有拘束力。

争端方产生的有关裁决解释或执行的任何争议，可由任意一方提交作出此裁决的仲裁庭。如不能提交至该仲裁庭，则提交为此目的、以同样方式组建的另一仲裁庭。

大加勒比海关于防止石油泄漏合作协定

本协议缔约诸方，都是 1983 年 3 月 24 日于卡塔赫签署《大加勒比海地区海洋环境保护和发展公约》的缔约诸方；

意识到石油的开发、生产和精炼活动，以及相关的海洋运输会对大加勒比海地区造成严重的石油泄漏威胁；

观察到由于该地区岛屿的生态系统的脆弱性和沿海地区因经济依赖性对其无休止地利用，因此该地区的岛屿极易受到石油污染的严重破坏；

认识到一旦发生石油泄漏或诸如此类的威胁，必须主动采取合适有效的国家级行动，共同组织防止、减轻和清除的行动；

进一步认识到，合理的准备、合作与互相协助对于有效地应对石油泄漏或诸如此类的威胁十分重要；

决定通过采取阻止和防止石油泄漏造成污染的措施，来降低对海洋包括大加勒比海的沿海地区环境的破坏，

达成一致协定如下：

第一条　定义

本协定的目的在于：

1. "大加勒比海区"是指公约区域，定义于公约第二条及其沿海地区。

2. "公约"是指大加勒比海地区海洋环境保护和发展公约。

3. "相关利益"是指直接影响或威胁一缔约方的利益以及其他相关：

（1）海洋、沿海、港口及河口活动；

（2）该地区历史和旅游的吸引力导致的活动，包括水上运动和娱乐；

（3）沿海居民的健康；

（4）渔业活动和对自然资源的保护。

4. "石油泄漏事故"是指一次石油排放或者重大的排放危险，由此引起的要求紧急行动或迅速反应来降低它的影响或者消除危险。

5. "组织"是指公约第二条第 3 段所指的机构。

6. "区域合作体"是指在加勒比环境项目行动计划中所指的单位。

第二条　申请

本协定适用于对大加勒比海地区或沿海环境已经造成污染或者存在极

大污染威胁的石油泄漏事故，亦或是对一个或多个缔约方相关利益造成不利影响的石油泄漏事故。

第三条　普通条款

1. 缔约各方应当在各自能力范围内，采取所有必要的包括防御性和补救性措施进行合作，以保护大加勒比海及沿海地区环境，尤其是该区岛屿的沿海区域，不受石油泄漏事故的损害。

2. 缔约各方应当在各自能力范围内，建立和维持对石油泄漏事故的反应机制，并且应当努力去减少该类风险。类似机制应包括制定颁布必要的法令，视情况而定的准备计划，提高对石油泄漏事故的应对能力，以及对本协定的执行负起政府责任。

第四条　信息交换

每一缔约方应与其他缔约方定期地交换关于其执行本协定的最新信息，包括对该执行承担政府责任，及其关于防止石油泄漏事故和减少、防止石油泄漏的不利影响的法律、法规、制度和运行程序。

第五条　关于石油泄漏事件报告的信息交流

1. 每一缔约方应建立合适的程序以保证关于石油泄漏事故的信息能尽可能及时地报告，并且，尤其是：

（1）要求悬挂该缔约方旗帜船舶的指挥官、船长以及在其管辖下的离岸设备的负责人向该缔约方汇报任何有关其船舶或设备的石油泄漏事故；

（2）要求在该缔约方海岸周围的所有船舶的船长和所有航空器的飞行员向该缔约方汇报任何他们发现的石油泄漏事故。

2. 一旦收到石油泄漏事故的报告，缔约方应及时通知可能因该事故而利益受损的其他缔约方和涉及该事故的船旗国。该缔约方也应当通知有能力的国际组织。进一步而言，如果可行的话，该缔约方应告知上述缔约方和有能力的国家组织该方已经采取的减少或降低污染之类威胁的措施。

第六条　相互协作

1. 对于提出协助应对石油泄漏事故请求的其他缔约方，每一缔约方应当尽其所能提供协助，该协助应当在请求方和帮助方都同意的联合应对行动框架内。

2. 每一缔约方应当根据其法律和法规，给予应对石油泄漏事故所必要的技术人员、设备和物质进出该方领土的便利。

第七条 运作措施

缔约各方应当在各自能力范围内，采取包括以下梗概的步骤，来应对石油泄漏事故：

（1）对该事故进行初步的评估，包括污染的类型和污染影响及可能影响的范围；

（2）根据第五条对事故进行及时地信息交流；

（3）根据其自身能力及时决定采取有效措施来应对事故，以及确定可能需要的协助请求；

（4）与其他决定对事故进行应对的国家进行协商；

（5）采取必要措施来阻止、减少或消除该事故的影响，包括对整治的情况进行监控。

第八条 分区安排

1. 为了更方便本协定尤其是第六条和第七条规定的执行，缔约诸方应当确定合理的双边或多边的分区安排。

2. 进入该分区安排的本协定缔约方应通知其他缔约方和组织关于该安排的结论和内容。

第九条 机构安排

通过区域合作体的成立和与国际海事组织的密切协作，缔约各方委托组织执行以下功能：

（1）在以下方面协助缔约各方提出的请求：

①根据第三条第2段提及的准备、定期检查和更新的情况而定的计划，除此之外，提高缔约方计划的可行性，以及

②公开训练过程和项目。

（2）在区域基础上，在以下方面协助缔约各方提出的请求：

①区域紧急反应行动协作，以及

②进行类似行动及相关主题讨论会的准备。

（3）与下列建立和维持联络：

①有能力的地区和国际组织，以及

②在大加勒比海区有能力引导行动的私人企业，包括主要石油生产商、

精炼商、清理石油泄漏承包商和合作商以及石油运输商。

（4）维持现阶段在大加勒比海区可用的应急设备、物质和专家技术的储备。

（5）宣传防止和治理石油泄漏的信息。

（6）确定或维持应急交流的方式。

（7）鼓励缔约方、有能力的国际组织和与石油泄漏事故相关的私人企业进行调查研究，包括石油泄漏的环境损害和对石油泄漏进行控制的物质和技术手段。

（8）协助缔约方进行第四条规定的信息交换。

（9）制作报告并执行缔约方委托的其他责任。

第十条　各方会议

1.本协定缔约诸方的常规会议应随同公约缔约诸方的常规会议，按公约第十六条的规定一同召开。本协定缔约诸方也应按公约第十六条规定召开额外的准备会议。

2.缔约方会议起以下作用：

①检查本协定的运作，并考虑利用专业技术整备和其他措施提高运作的有效性；

②考虑将区域协作的方法扩展至除石油之外其他有害物质污染事故；

③考虑采取措施提高本协定的各方协作，包括可将公约第十六条第2款第4项作为本协定的修正案。

第十一条　协定和公约的关系

1.公约中与诸协定相关的条款适用于本协定。

2.公约第二十条规定的程序规则和财政规则适用于本协定，除非本协定的缔约诸方另有约定。

经各自政府正式授权，签署本公约，以下签字以昭信守。

本协定于1983年3月24日在卡塔赫那签署。有英语、法语、西班牙语的各一副本，3种文本具有同等效力。

协定的附件

在本协定第十条第 2 款第 2 项规定的基础上，缔约诸方在第一次会议时有义务进行必要的改变准备，通过一个新附件将本协定的区域协作扩展至防止除了石油之外其他有害物质的泄漏。在该附件的准备和生效期间，本协定的效力应临时性地适用于除石油之外的其他有害物质。

阿根廷与智利和平友好条约
（1984 年 10 月 18 日）

"以上帝之名"

智利共和国政府和阿根廷共和国政府，

回顾 1979 年 1 月 8 日以来他们要求罗马教廷对两国南部地区的争端进行调解，并在两国谈判中促成一个解决方案；同时两国寻求罗马教廷宝贵的援助，为了在现有分界终点的基础之上再固定出一条界线，使得双方能在界线的东边和西边行使各自的管辖权；

深信表达两国人民的和平愿望是两国政府不可推卸的责任；

牢记 1881 年边界条约及相应的补充和附加条款是阿根廷共和国和智利共和国牢不可破的关系基础；

重申通过和平手段解决所有争端是双方的义务，并且永远不能诉诸武力或武力威胁来处理双方关系；

希望加强两国的经济合作和一体化；

特别考虑到 1980 年 12 月 12 日的"调解的提议、建议和意见"；

代表两国人民向神圣教皇保罗二世为两国争端解决和加强两国友好和相互理解所做的卓越努力表达感谢；

决定共同实施以下和解条约：

和平友好

第一条

缔约国响应其人民的根本利益，郑重重申维护、加强和发展两国长久不变友谊关系的承诺。

缔约双方应定期举行协商会议。在该会议中，双方应注重考虑任何可能影响双方和谐关系的事实、事件或情况的发生。双方应该努力防止由于双方观点分歧导致的争端，双方应建议或采取具体措施，以维持和加强两国之间的良好关系。

第二条

缔约双方确认有义务避免采取任何直接或间接形式的武力或武力威胁，也不得采取任何其他措施破坏两国关系中任何部门的和平。

双方同样确认，在既有法律前提下，对于可能引起争端或者出现再争端中的任何原因，无论何种性质，总是采取和平手段来解决。

第三条

如果发生争议，缔约方应采取适当措施，维持双方在所有领域中的最佳互利共存关系，防止争端的恶化或延长。

第四条

缔约双方应努力通过本着诚信和合作的精神直接进行谈判来解决他们之间的任何争端。

如果直接谈判无法达成令一方或者双方满意的观点，任一缔约方可通过双方同意的一种和平方式来邀请对方共同解决争端。

第五条

如果前一条款的邀请中缔约双方无法在4个月内对于其他和平解决方式及其时限和其他条款达成一致协议，或者尽管类似协议达成一致，但该解决方式无法实现，那么将适用规定于附件1第一章的调解程序。

第六条

如果缔约一方或者双方未接受调解委员会提出的和解条款以及由其主席确定的时间限制，或调解程序因任何理由被打破，缔约一方或者双方可以按附件1第十一章所规定的仲裁程序将争端提交。

根据第四条的规定，除非双方同意其他规则，否则缔约方选择仲裁作为争端解决方式时应当适用同一程序。

本条文不会提及那些最终解决的问题。在此情况下，对于这些协议的有效性、解释和执行等问题，仲裁应受到限制。

海洋边界

第七条

阿根廷共和国和智利共和国在南部海区的海洋、海床和底土的管辖权分界从比格尔海峡（Beagle Channel）现有界限的终点起算，即分界线由坐标南纬 55°7.3′ 和西经 66°25′ 开始确定，并包含以下各点：

从坐标南纬 55°7.3′ 和西经 66°25′ 确定的点（点 A）开始，分界线应朝着东南方向沿着一条斜线直到努埃瓦岛（Isla Nueva）和格兰德火地岛（Isla Grande de Tierra del Fuego）海岸之间的点，该点坐标为南纬 55°11′ 和西经 66°4.7′（点 B）；接着从点 B 处沿着东南 45° 角方向继续延伸到坐标为南纬 55°22.9′ 和西经 65°43.6′ 的点（点 Q）；接着继续沿着这条经线向南直到与南纬 56°22.8′ 交点（点 D）；从点 D 继续沿着纬线向西 24 英里到奥尔诺斯岛（Isla Hornos）的最南端，直到其切断奥尔诺斯岛最南端的经线，即坐标为南纬 56°22.8′ 和西经 67°16′（点 E）；从点 E 处分界线将继续向南到达坐标为南纬 58°21.1′ 和西经 67°16′ 的点（点 F）。

上面所描述的海上边界如地图 1 所示（地图略）。

阿根廷共和国和智利共和国的专属经济区应分别相应地从上述的分界线向东、西进行延伸。

对于分界线南部终点（点 F），智利共和国的专属经济区应延伸至国际法允许的距离，可以沿着西经 67°16′ 一直延伸，结束于公海以东。

第八条

缔约双方同意在荷恩角和埃斯塔多斯岛最东部之间的区域内，双方领海的法律效力应受到从各自基线处衡量 3 海里的限制。

在前文规定的区域内，缔约各方可以向第三国提出依照国际法允许的最大宽度的领海范围。

第九条

缔约双方同意将上述两条中界定的海域定义为"南部海区"。

第十条

阿根廷共和国和智利共和国同意在麦哲伦海峡（Strait of Magellan）的东端，受到北部的邓杰内斯角（Punta Dungeness）和南部的圣埃斯皮里图三角（Cabo del Espiritu Santo）的决定，双方各自管辖权的分界线应是连接坐落于麦哲伦海峡顶点，之前称为邓杰内斯比肯角的边界标记，和在火地岛的圣埃斯皮里图三角的边界标记。

上面所描述的边界是在所附地图2（地图略）。

阿根廷共和国和智利共和国的领海、海床和底土主权应分别相应地从上述的分界线向东、西进行延伸。

此处缔约双方一致同意的分界线不改变1881年的边界条约，即根据第五条的规定，麦哲伦海峡永远属于中立并保证悬挂所有国家旗帜船舶的自由通航权。

阿根廷共和国承诺在任何时候和任何情况下，维护所有旗帜的船舶迅速无障碍通过其管辖水域和麦哲伦海峡的权利。

第十一条

缔约双方相互承认对方在各自领土上的基线。

经济合作和一体化

第十二条

双方同意建立一个永久的双边国家委员会，目的是加强经济合作和一体化。双边国家委员会对于以下各项负有促进和发展的责任：全球系统的领土连接，自由港口和区域，陆地运输，空中航行，电气互连和通信，自然资源开发，环境保护和旅游互补等共同发展。

在本条约实施的6个月内，缔约双方应成立双边国家委员会并起草其运作程序规则。

第十三条

智利共和国在行使其主权权利时，应向阿根廷共和国提供附件2第一条至第九条规定的航海便利。

如附件2第一条至第八条所示，智利共和国宣布第三国旗帜船舶在无障碍航线上航行时，应受到智利法规的约束。

缔约双方应承认附件 2 第十一条至第十六条规定的比格尔海峡的引航系统。

本条约中关于南部海区的航行规定应取代缔约双方先前的任何协定。

最后条款

第十四条

缔约双方郑重声明，本条约将构成处理双方问题最全面和最终的解决方案。

本条约所规定的边界应是阿根廷共和国和智利共和国主权最终的和不可撤销的界限。

缔约双方不得提出与本条约的规定不相符合的索赔或解释。

第十五条

本条约第一条至第六条均适用于南极地区。其他规定不得以任何方式，也不得以用任何方式解释来直接或间接影响缔约方的主权、权利和法律地位，也不得影响南极区域的界限和其毗邻的海域，包括海床和底土。

第十六条

欢迎教皇慷慨的建议，缔约双方将本条约安置于神圣罗马教廷的道德保护之下。

第十七条

以下为本条约的组成部分：

（1）附件 1 关于调解和仲裁程序，一共 41 条；

（2）附件 2 关于航海，一共 16 条；

（3）本条约第七条和第十条涉及的地图和附件 2 第一条和第八条至第十一条。

本条约与相关附件和地图的参考资料相同。

第十八条

本条约须经批准，并自交换批准书之日起生效。

第十九条

本条约应按照联合国宪章第一百零二条的规定进行登记。

附件 1
第一章 在和平友好条约第五条中规定的调解程序

第一条

在本条约生效 6 个月内，双方应建立一个阿根廷—智利永久调解委员会，以下简称"委员会"。

委员会须由 3 名成员组成。缔约双方应从各自国民中选择一名作为成员。第三名成员将担任委员会主席，由双方在第三国国民中进行选择。该成员应不服务于任一缔约国，并且在任一缔约国中不拥有经常居住地。

委员会成员的任期为 3 年，可连任。缔约双方可随时更换由其任命的成员。第三名成员可以在其任期内由缔约双方通过协议进行更换。

因死亡或其他原因造成的成员空缺，应在 3 个月期间内以初次任命的方式进行职务任命。

如果本条约实施后在 6 个月内或者在空缺后 3 个月内，无法选出委员会第三名成员，任一缔约方可以请求神圣罗马教廷做出任命。

第二条

根据和平友好条约第五条规定，缔约双方的争端可由双方共同提出或由单方单独提出，必须以书面形式向委员会主席提交请求。争议的主题应在请求中简要进行说明。

如果争议请求并非共同提交，则提交方应立即通知另一方。

第三条

向委员会提交的书面请求或者其他争端请求应当尽可能包含双方或者一方委派的代表。

委员会主席有责任对未委托代表的一方进行委托代表的任命。

第四条

一旦将争端提交至委员会，并仅出于此目的，缔约双方可以通过达成一致指定两名以上的成员组成委员会的部分。被任命的第三名成员将继续担任委员会主席。

第五条

如果向委员会提交了一个争端，任何一缔约方所指定的成员都无法完全参与到该委员会的调解程序中，则该缔约方必须为了调解目的尽快更换该成员。

在任何一方的要求下，或在成员自己的主动要求下，主席可要求另一方进行成员更换。

如果委员会主席不能充分参与调解程序，则缔约双方必须为了调解目的尽快通过一致意见将其更换。如果无法达成一致意见，任一缔约方可以请求神圣罗马教廷进行主席任命。

第六条

收到争端请求后，主席须确定第一次会议的地点和日期，并应邀请委员会成员和缔约方的代表。

在第一次会议上，委员会须委任其秘书，该秘书不可以是缔约两国任一国民，也不应服务于任一缔约国，并且在任一缔约国中不拥有经常居住地。只要调解持续进行，秘书就应当在任。

在同一次会议上，委员会应确定管理调解的程序。除非缔约双方同意，否则程序应具有对抗性。

第七条

缔约双方须派其代表参加，可由为了调解目的而指定的顾问和专家陪同，双方代表可能会被要求出具任何适当的证词。

委员会有权要求缔约双方的代表、顾问和专家或其他委员会认为能起作用的人进行解释说明。

第八条

委员会应当在双方一致同意的地点召开会议，如果双方无法达成一致，则由委员会主席指定地点。

第九条

委员会可以建议缔约双方采取措施，以防止争端变得恶化或调解变得更加困难。

第十条

委员会不得在所有成员未到齐的情况下召开会议。

除非缔约双方另有协议，否则所有委员会的决定均须以其成员的多数表决通过。在委员会的记录不会提及决定是否是一致通过或由多数通过。

第十一条

缔约双方应为委员会的工作提供便利，并应尽可能提供所有有用的文件和信息。另外，缔约双方应允许委员会在各自领土上进行组织和听取专家、证人的意见，并进行第一手的检查。

第十二条

出于结束双方争端的考虑，委员会应努力确定双方可能接受的条款。委员会可以为此目的与缔约双方代表共同或者单独进行交换意见。

委员会提出的条款，应仅作为建议的性质，该建议提交给缔约双方进行考虑，以促进产生一个双方互相接受的解决方案。

调解的条款，须由委员会主席向缔约双方的代表书面传达，并须告知双方代表，在主席规定的时限内，各自政府是否接受建议的调解方案。

在向缔约双方代表传达时，主席须亲自向代表解释，从委员会角度上看，建议双方接受该调解方案的理由。

如果争端只是关于事实的问题，委员会应限制自己调查这些事实并将结论起草于报告中。

第十三条

委员会提出的调解方案一旦被双方接受，则应起草具体的协议文件；该文件由委员会主席、代表团秘书和双方代表签署。一份文件副本由主席和秘书签署后将送达双方。

第十四条

如果缔约双方或其中一方不接受调解方案，并且如果委员会认为在不同的调解方案中无法达成一致，也应起草相应文件，由董事长和秘书签署。该文件不产生解决条款，以表明双方争端无法调解。

第十五条

委员会的工作应在该争端被提出之日起6个月内结束，除非缔约双方另有约定。

第十六条

在委员会会议中的记录不包含双方代表或委员会成员对于争端实质的言论和交谈，除非双方代表或成员同意为该言论或交谈负责。另一方面，专家书面或口头的报告、现场检查记录、证人的陈述应包含于记录的附录，除非委员会另有决定。

第十七条

会议记录及其附录的正式副本应由委员会秘书处送达缔约双方代表，除非委员会另有决定。

第十八条

除非委员会内部作出对立的决定并且缔约双方同意，否则委员会的讨论不应公开进行。

第十九条

如果调解程序没有成功，那么无论是缔约方代表或者是委员会，在调解进程中提出的建议不会以任何方式预断或影响任一方的权利或索赔请求。同样地，任一方接受委员会起草的调解方案也不会以任何方式意味着对作为调解方案形成基础的事实和法律的接受。

第二十条

委员会的工作完成后，缔约双方应考虑是否授权出版全部或部分有关文件。委员会可为此向双方进行建议。

第二十一条

在委员会的工作中，其每一个成员均须获得报酬，其金额由缔约双方之间的共同协议所确定。双方各付一半的报酬。

缔约双方须支付各自的费用以及各自承担一半委员会的费用。

第二十二条

在调解结束后，委员会主席应将所有相关文件存放于神圣罗马教廷档案馆，维护该文件的机密性，并符合本附件第十八条至第二十条的规定。

第二章 和平友好条约第六条中规定的仲裁程序

第二十三条

请求仲裁的缔约一方应当书面通知另一方。在通知的同时，它应提出对仲裁法庭组成的要求，以下简称"仲裁庭"，应对争议的性质进行简要说明，应将仲裁庭的其中一员提名为仲裁员，并应邀请另一缔约方达成仲裁协议。

另一方应配合组建仲裁庭和尽力达成仲裁协议。

第二十四条

除缔约双方另有约定外，仲裁庭应由 5 名个人能力能胜任的成员组成。缔约双方可以分别任命一名其国民作为仲裁庭成员。另外 3 名成员，其中一名作为仲裁庭的主席应由第三国国民担任，由缔约双方共同协议选出。这 3 名仲裁员必须是不同国籍的，并且不应服务于任一缔约国，以及在任一缔约国中不拥有经常居住地。

第二十五条

如果自第二十三条中收到通知之日起 3 个月内仲裁庭未全部任命完毕，任一缔约方都可以请求瑞士联邦政府对仲裁庭成员进行任命。

仲裁庭主席应由缔约双方在上一段规定的时限内通过共同协议任命。如果双方无法达成共同协议，则任一缔约方都可以请求瑞士联邦政府对仲裁庭主席进行任命。

当所有仲裁庭成员都任命完毕时，主席应召集所有成员开会，以宣布仲裁庭的组建以及制定仲裁庭所需的运作协议。会议须由仲裁庭主席根据本附件第三十四条规定来指定地点、日期及时间举行。

第二十六条

因死亡、辞职或其他原因造成的空缺，须以下列方式进行任命填补：

如果空缺是由一个缔约一方指定的仲裁庭的成员，该缔约方应尽快填补，并且在任何情况下，该缔约方应在 30 日内以书面方式进行任命；

如果空缺是由双方共同协议任命的仲裁庭成员，则该空缺应自缔约一方书面邀请另一方之日起 60 日内进行任命；

如果在上述段落所指明的时限内，成员空缺没有被填补，任一缔约方都可以请求瑞士联邦政府对成员进行任命。

第二十七条

如果仲裁庭自组建起 3 个月内对于争端双方没有提交共同协议，那么任一缔约方可以在其书面申请之前单独向仲裁庭提交争端。

第二十八条

仲裁庭应自行选择运作规则，但不得对缔约方可能同意的规则带有偏见。

第二十九条

仲裁庭有权对调解方案进行解释，并根据自身能力作出决定。

第三十条

缔约双方应当配合仲裁庭的工作，并提供一切有用的文件、设施和资料。另外，缔约双方应允许委员会在各自领土上进行组织和听取专家、证人的意见，并进行第一手的实践检查。

第三十一条

仲裁庭有权采取临时措施以保障缔约方的权利。

第三十二条

当在争端审理中缔约一方未到庭或是放弃己方辩护权时，另一缔约方可以要求仲裁庭继续听审并裁决宣判。缔约一方主观或客观上的缺席都不能阻碍仲裁庭审理和裁决的进行。

第三十三条

仲裁庭应以国际法为基础作出裁决，除非缔约双方另有约定。

第三十四条

仲裁庭的裁决应采用多数成员通过的方式确定。其中一至两名成员的缺席不影响仲裁庭进行开庭和作出裁决。如果仲裁庭成员表决出现平局，则主席必须投上决定的一票。

第三十五条

仲裁庭的决定应附有理由说明。该决定应提及参与表决的成员数量以及表决的日期。仲裁庭的每一个成员有权决定是否将他的意见写入最终决定中。

第三十六条

仲裁庭的决定不可上诉，对缔约双方具有最终效力。该决定的执行依赖于签署和平友好条约的双方的荣誉感。

第三十七条

仲裁庭的决定应在仲裁庭规定的时限内执行，不得以任何形式拖延。

第三十八条

除非仲裁庭认为其决定已被完全彻底地执行完毕，否则仲裁庭不应终止其职能。

第三十九条

在仲裁庭作出的决定生效之前，缔约双方或任一缔约方都可以对仲裁决定的解释或执行方式提出不同意见，除非缔约双方另有约定。出于本目的考虑，在仲裁庭上出现的任何空缺都应以本附件第二十六条所规定的方式来填补。

第四十条

任一缔约方可要求在仲裁庭作出该项决定之前提出对该决定的修订，该修订请求应当在该决定执行期间届满之前，并符合以下情况：

（1）如果该决定是在一个错误或掺假文件的基础上作出的；

（2）如果该决定的一部分或者全部是在听审或文件出现错误事实的情况下作出的。

出于本目的考虑，在仲裁庭上出现的任何空缺都应以本附件第二十六条所规定的方式来填补。

第四十一条

每一个仲裁庭成员均须获得报酬，其金额由缔约双方之间的共同协议所确定。双方各付一半的报酬。

缔约双方须支付各自的费用以及各自承担一半仲裁庭的费用。

附件 2　航行

麦哲伦海峡和比格尔海峡阿根廷港互通航行

第一条

在麦哲伦海峡和比格尔海峡阿根廷港之间互通航行，通过智利内水，阿根廷船舶在下列路线享有专属航行便利：

马格达莱纳运河（Canal Magdalena），科伯恩运河（Canal Cockburn），埃尔帕索布雷克诺克运河（Paso Brecknock or Canal Ocasion），本杰纳多运河（Canal Ballenero），奥勃良运河（Canal O`Brien），埃尔帕索铃鼓（Paso Timbales），比格尔海峡的西北分支以及比格尔海峡直达西经 68°36′38.5″ 坐标处等来回航线。

上述航线描绘在附件地图 3（图略）。

第二条

本段将由一名智利引航员进行导航，担任航舰的指挥官或船长的技术顾问。

在指派合适的引航员登船后,阿根廷政府应将该船开始航行的日期至少提前 48 个小时通知第三智利海军区总司令。

该引航员履行职责的地理坐标点区间为:南纬 54°2.8′、西经 70°57.9′ 和比格尔海峡西经 68°36′38.5″ 之处。

在引航过程中,进出麦哲伦海峡东部海口时,引航员要在麦哲伦海峡的 Bahia Posesion 锚地的引航站进行登船和离船。进出麦哲伦海峡西部海口时,引航员应在前文所述对应点的引航站进行登船和离船并由之前指定的智利交通工具进行接送。

在进出比格尔海峡的阿根廷港口时,引航员要在乌斯怀亚进行登船和离船,并由阿根廷交通工具从波多黎各威廉姆斯到乌斯怀亚进行接送。

商船通行必须根据智利海事海商总局制定的关税法进行交纳通航费用。

第三条

阿根廷的船舶应当连续不间断地航行通过。如果在第一条中规定的航线上,受不可抗力出现故障或抛锚的情况,阿根廷船舶的指挥官或船长须通知最近的智利海军管理局。

第四条

本条约未规定的,阿根廷船舶应按国际法规定通航。在航行中的船舶不得与以下诸活动直接相关:演习或使用武力等性质的行为;发射、着陆或在飞机上或船舶上接收军事设备;登船或离船;钓鱼活动;调查研究;水文地质调查以及可能影响智利共和国安全和通信系统的活动。

第五条

潜艇和其他潜水船舶必须露出水面航行。所有的船舶在通航时必须开启指示灯以及悬挂国家旗帜。

第六条

出现不可抗力造成航行障碍时,智利共和国可在不可抗力持续期间对航行的船舶下达临时中止航行的命令。临时中止命令立即生效,并应第一时间通知给阿根廷政府。

第七条

阿根廷军舰在第一条规定的航线中航行时,最多不能超过 3 艘军舰同时通航。

第八条

比格尔海峡阿根廷港口与南极地区的通航，或在比格尔海峡阿根廷港口与阿根廷专属经济区到阿根廷共和国和智利共和国的海洋边界之间的通航，在通过智利内水时，阿根廷船舶在下列路线享有专有地航行便利：

埃尔帕索皮克顿和帕里士满，接着从南纬 55°21′、西经 66°41′ 坐标处，沿着大致 90° 和 180° 之间的弧度方向到达智利领海；或者越过智利领海以 270° 和 360° 的弧度方向，并继续通过里士满和埃尔帕索皮克顿。

这段航行可以在没有智利引航员并且无须告知的情况下进行。

这条航线描绘在附件地图 3（地图略）。

第九条

本附件第三、四、五条的规定，适用于前款规定的通航路线。

进出德梅尔海峡北部的通航

第十条

从海上航行进出德梅尔海峡北部，智利船舶无须阿根廷引航员并且无须提前告知，即可享受在该航线的通航便利。

本附件第三、四、五条的规定，适用于前款规定的通航路线。

比格尔海峡引航系统

第十一条

以下条文中定义的引航系统建立于比格尔海峡双方现有边界的两边，从西经 68°36′38.5″ 到西经 66°25′ 之间，如附件地图 4 所示（地图略）。

第十二条

缔约双方应给予智利和阿根廷船舶通航前款规定航线的自由通航权。

第三国商船在通航上述规定的航线时，所享有的通航权应服从本附件的规定。

第十三条

悬挂第三国旗帜的军舰经本附件第十一条规定的航线前往缔约一方的港口时，必须得到该缔约方的事先授权。随后该缔约方应向另一方通知第三国军舰到达或离开的消息。

第十四条

在本附件第十一条规定的航线，缔约方于各自管辖区域范围内，有义务在航行时互相帮助和协作，以便利船舶通航和保证船舶安全。

常规航线上必须永久保持不存在任何可能影响通航的障碍物或活动。

在通航困难的地理区域，缔约双方应同意航行安全的交通管制系统。

第十五条

智利和阿根廷的船舶在本附件第十一条规定的航线上无须引航员进行导航。

悬挂第三国旗帜的船舶在进出该航线上任一港口，必须服从到达港口国或驶离港口国的引航法规定。

当该类船舶在任一缔约方港口之间通航时，该船舶必须服从驶离港所在缔约国的引航法规定和到达港所在缔约国的引航法规定。

第十六条

缔约双方在各自管辖区域内的港口分别适用各自的引航法规定。

使用引航员的船舶应悬挂适用其法规的国家旗帜。

任何使用引航服务的船舶都必须为此支付合理的费用，同样，任何其他的费用支出都应符合缔约国引航法的规定。

缔约双方应为引航员在其执行任务时提供最大的便利。该引航员可以在任何一方的港口进行离船。

缔约双方应努力构建和谐统一的引航规则。

南太平洋无核区条约

（1985 年 8 月 6 日）

序　言

本条约缔约国团结一致致力于世界和平；

严重关注核军备竞赛继续下去引起核战争的危险，这种危险会给所有人带来毁灭性的后果；

深信所有国家有义务竭尽全力，实现消除核武器、核武器对人类造成的恐惧和对世界上生命造成的威胁的目标；

相信区域性军备控制措施能有助于扭转核军备竞赛的全球性努力，并加强该地区每个国家的安全以及所有国家的普遍安全；

决心尽其所能，确保该地区富饶美丽的土地和海洋始终作为该地区人民和后代的遗产，永远归所有人和平地享有；

重申《不扩散核武器条约》* 对于防止核武器扩散和促进世界安全的重要性；

特别注意到《不扩散条约》第七条承认任何国家集团为保证其各自领土彻底消除核武器而缔结区域性条约的权利；

注意到《防止在海床洋底及其底土安置核武器和其他大规模毁灭性武器条约》** 所载关于在海床洋底及其底土埋设和安置核武器的禁止条款适用于南太平洋；

还注意到《禁止在大气层、外层空间和水下进行核武器试验条约》*** 所载关于在大气层或包括领海或公海的水下试验核武器的禁止条款适用于南太平洋；

决心使本地区免受放射性废料和其他放射性物质的环境污染；

遵循南太平洋论坛在图瓦卢举行的第十五次会议上作出的决定，应尽早在该地区根据该会议公报提出的原则建立一个无核区；

兹协议如下：

第一条　术语的用法

为该条约及其议定书的目的：

（1）"南太平洋无核区"指附件1描述并按所附地图说明的地区；

（2）"领土"指内海、领海和群岛海域、海床及其底土、领土及其上空；

（3）"核爆炸装置"指任何核武器或其他能够释放核能的爆炸装置，不论其使用目的如何，该术语包括未组装和部分组装的武器或装置，但并不包括与此类武器或装置分开也不是它的不可分割部分的运输或运载工具；

---

* 联合国大会第 2373 号决议（XXII）。
** 联合国大会第 2660 号决议（XXV）。
*** 联合国系列条约，第 480 卷，第 6964 号，第 43 页。

（4）"安放"指在地面或内陆水域埋设、安置、运输、储存、储藏、安装和部署。

第二条　条约的适用范围

1. 除有其他具体规定以外，该条约及其议定书适用于南太平洋无核区以内的领土。

2. 本条约的任何规定都不得妨碍或以任何方式影响任何国家根据国际法在海洋自由方面享有或行使的权利。

第三条　放弃核爆炸装置

每个缔约国承诺：

（1）不通过任何方式在南太平洋无核区内外的任何地方生产或以其他办法获取、拥有或控制任何核爆炸装置；

（2）不寻求或接受任何援助以生产或获取任何核爆炸装置；

（3）不采取任何行动协助或鼓励任何国家生产或获取任何核爆炸装置。

第四条　和平核活动

每个缔约国承诺：

（1）不向以下国家提供专门为加工、使用或生产用于和平目的的特种裂变物质设计和准备的原料或特殊裂变物质、设备或材料：

①任何无核武器国家，除非接受《不扩散条约》第三条第 1 款所要求的保障；

②任何核武器国家，除非接受与国际原子能机构达成的可适用的保障协议。

任何此类规定均应按照严格的不扩散措施，对完全用于和平的非爆炸性用途提供保证。

（2）支持基于不扩散条约和国际原子能机构保障制度的国际不扩散制度继续有效。

第五条　防止安放核爆炸装置

1. 每个缔约国承诺防止在其领土上安放任何核爆炸装置。

2. 每个缔约国在行使其主权时可以自行决定是否允许外国船舶和飞机在其港口和机场停留，外国飞机在其空域过境，外国船舶在其领海或群岛海域航行，如下列权利不适用时：无害通过、群岛航道通过或海峡过境。

第六条 防止试验核爆炸装置

每个缔约国承诺：

（1）防止在其领土上试验任何核爆炸装置；

（2）不采取任何行动协助或鼓励任何国家试验任何核爆炸装置。

第七条 防止倾倒

1.每个缔约国承诺：

（1）不在南太平洋无核区内的任何海面倾倒放射性废料和其他放射性物质；

（2）防止任何人在其领海内倾倒放射性废料和其他放射性物质；

（3）不采取任何行动协助或鼓励任何人在南太平洋无核区内的任何海面倾倒放射性废料和其他放射性物质；

（4）支持尽早签订就"保护南太平洋地区自然资源和环境"提出的公约和为"防止因倾倒而污染南太平洋地区"的议定书，目的是防止任何人在本地区任何地方将放射性废料和其他放射性物质倾倒入海。

2.本条第一款（1）段和（2）段不适用于上述公约和议定书生效的南太平洋无核区地区。

第八条 监督制度

1.各缔约国为核查它们根据本条约规定承担的义务的遵守情况，特此规定一项监督制度。

2.监督制度包括：

（1）第九条规定的报告和资料交换；

（2）第十条和附件4（1）规定的协商；

（3）附件2规定的对和平核活动实行国际原子能机构保障制度；

（4）附件4规定的申诉程序。

第九条 报告和情况交换

1.每个缔约国应尽快向南太平洋经济合作局主任汇报在其管辖范围内影响该条约实施的任何重大事件。主任应立即向所有缔约国散发这些报告。

2.各缔约国应相互了解因本条约规定引起或与条约有关的事项。它们可以通过向主任转送的方式交换资料，主任应把资料散发给所有缔约国。

3.主任每年应向南太平洋论坛报告本条约的现状和因本条约规定引起

或与条约有关的事项，包括根据本条约所写的报告和函件以及根据第八条
（2）①项和第十条以及附件 2（4）款引起的事项。

第十条　协商和审查

在不损害各缔约国通过其他手段进行协商的前提下，应任何缔约国的
要求，主任应召开一次根据附件 3 建立的协商委员会的会议，以便就涉及
本条约的任何问题或审查其执行情况进行协商和合作。

第十一条　修正案

协商委员会最迟应在协商委员会为此目的召开的会议 3 个月前审议任何
缔约国提出的和主任向所有缔约国散发的对本条约各项条款的修正案。协
商委员会协商一致同意的任何提案都应传送给主任，再由主任散发以征得
所有缔约国的同意。修正案在保存人收到所有缔约国表示接受的通知 30 天
后生效。

第十二条　签署和批准

1. 本条约应开放供南太平洋论坛的任何成员签署。

2. 本条约应经过批准。批准书应交给主任保存，因而主任被任命为本
条约及其议定书的保存人。

3. 如果其领土在南太平洋无核区以外的南太平洋论坛成员成为本条约
的一方，附件 1 应予修正，以便至少将该缔约国的领土包括在南太平洋无
核区的范围。根据本段增加的任何地区的划分应经南太平洋论坛批准。

第十三条　退约

1. 本条约具有永久性质，将无限期有效。但若任一缔约国违反本条约
中对于实现本条约目标具有关键意义的规定或违反条约的精神，其他任一
缔约国均有权退出条约。

2. 退约应提前 12 个月通知主任方始生效，主任应将这一通知转达所有
其他缔约国。

第十四条　保留

对本条约不得有任何保留。

第十五条　生效

1. 本条约自交存第 8 个批准书之日起生效。

2. 对于在交存第 8 个批准书之后批准本条约的签署国，本条约自交存

其批准书之日起生效。

第十六条 交存人职能

交存人应根据《联合国宪章》第一百零二条登记本条约和其议定书，并应向南太平洋论坛所有成员和有资格成为本条约及其议定书当事国的所有国家转送本条约及其议定书的经认证的副本，通知它们本条约及其议定书的签署和批准。

附件 1
南太平洋无核区

A. 本地区的界线：

1）从印度尼西亚和巴布亚新几内亚的海上边界与赤道的交点开始；

2）然后向北，沿着这条海上边界直到与巴布亚新几内亚专属经济区外限的交点；

3）然后基本向东北、东和东南，沿着这一外限直到与赤道的交点；

4）然后向东，沿着赤道直到与东经 163° 的子午线的交点；

5）然后向北，沿着这条子午线直到与北纬 30° 平行线的交点；

6）然后向东，沿着这条平行线直到与东经 171° 的子午线的交点；

7）然后向北，沿着这条子午线直到与北纬 4° 的平行线的交点；

8）然后向东，沿着这条平行线直到与东经 180° 的子午线的交点；

9）然后向南，沿着这条子午线直到与赤道的交点；

10）然后向东，沿着赤道直到与西经 165° 的子午线的交点；

11）然后向北，沿着这条子午线直到与北纬 5°30′ 的平行线的交点；

12）然后向东，沿着这条平行线直到与西经 154° 的子午线的交点；

13）然后向南，沿着这条子午线直到与赤道的交点；

14）然后向东，沿着赤道直到与西经 115° 的子午线的交点；

15）然后向南，沿着这条子午线直到与南纬 60° 的平行线的交点；

16）然后向西，沿着这条平行线直到与东经 115° 的子午线的交点；

17）然后向北,沿着这条子午线直到与澳大利亚领海外限的最南面交点；

18）然后基本向北和向东沿着澳大利亚领海外限直到与东经 136°45′ 的

子午线的交点；

19）然后向东北，沿着测地线直到南纬 10°50′ 与东经 139°12′ 的位置；

20）然后向东北，沿着印度尼西亚和巴布亚新几内亚的海上边界直到接上这两个国家之间的陆地边界；

21）然后基本向北，沿着这一陆地边界直到接上巴布亚新几内亚北部海岸线上印度尼西亚和巴布亚新几内亚之间的海上边界；

22）然后基本向北，沿着这一边界直到起始点。

B. A 段所述地区以西、南纬 60° 以北的所有澳大利亚岛屿领海外限内的地区，如果保存国收到澳大利亚政府的书面通知，表明这些地区已属于目标和宗旨与本条约实质上一致的另一条约，这些地区应停止作为南太平洋无核区的一部分。

附件 2
国际原子能机构保障措施

1. 关于在缔约国领土内、在其管辖下或在其控制下任何地方进行的所有和平核活动使用的一切原料或特殊裂变材料，根据与国际原子能机构议定和缔结的一项协定，国际原子能机构将对每个缔约国实施第八条所涉及的保障措施。

2. 第一段所涉及的协议应是，或在其范围和效能方面应相当于一项以国际原子能机构第 INFCIRC/153（修正）号文件转载的材料为基础的《不扩散条约》要求的协议。每个缔约国应采取一切适当步骤，保证该协议的生效不迟于本条约对该缔约国生效之日起 18 个月。

3. 为本条约的目的，第一段所涉及的保障措施的目的应是核查核材料不得从和平核活动转用于核爆炸装置。

4. 应任何其他缔约国要求，每个缔约国同意向该缔约国和主任转发一份国际原子能机构关于它在有关缔约国领土范围内进行视察活动的最新报告的全面结论副本，供所有缔约国参考，并立即将国际原子能机构理事会后来对这些结论进行调查的结果通知主任，供所有缔约国参考。

附件3
协商委员会

1. 由此建立的协商委员会,应由主任按照第十条、第十一条和附件4（2）不时召开协商委员会会议。协商委员会应由各缔约国代表组成,每个缔约国有权任命一名代表,代表可由顾问陪同。除非另有协议,协商委员会的任一特定的会议应由上届南太平洋论坛成员国政府首脑会议和东道国代表主持。一半缔约国的代表构成法定人数。根据第十一条的规定,协商委员会应通过协商一致作出决定,在不能达成协商一致时则由那些出席并参加投票的三分之二多数决定。协商委员会应通过认为合适的这类其他议事规则。

2. 协商委员会的费用,包括按附件4进行特别视察的费用,应由南太平洋经济合作局负担。如果需要,可寻求特别资助。

附件4
申诉程序

1. 一缔约国认为有理由对另一缔约国违反它在本条约承担的义务提出申诉,在向主任提出该申诉前,应使被申诉国注意到申诉的主题事项,并使后者有合理的机会作出解释并解决问题。

2. 如果问题未能解决,申诉国可向主任提出申诉,要求召开协商委员会审议该问题。申诉应提供申诉国了解的违反承担义务的证据作为佐证。主任收到申诉后,应尽快召开协商委员会会议予以审议。

3. 协商委员会考虑到根据第一段作出的努力,应给予被申诉国合理的机会对该问题作出解释。

4. 如果协商委员会在审议被申诉国代表作出的解释后,断定申诉有足够的实质内容,应批准在该缔约国领土内或其他地方进行特别视察,协商委员会应发出指示,由3名适当的合格特别视察员组成的特别视察组尽快进行这种特别视察。特别视察员由协商委员会同被申诉国和申诉国协商任命,条件是双方的国民不担任特别视察组的工作。如果被申诉的缔约国提出特别视察组应由该国代表陪同的要求,可以照办。任命特别视察员的协商权和陪同特别视察员的权利均不得延误特别视察组的工作。

5.在进行特别视察时，特别视察员只应接受协商委员会的指示，并遵守协商委员会可能决定的诸如有关任务、目标、保密和程序的指示。发出指示应考虑到被申诉国在遵守它的其他国际义务和承诺的合法利益，并不得重复执行国际原子能机构根据附件2（1）所涉及的协议采取的保障程序。特别视察员在履行其职能时应充分尊重被申诉国的法律。

6.每个缔约国应在其领土范围内给予特别视察员以进入和利用可能与其执行协商委员会的指示有关的一切地方和一切情报的完全自由。

7.被申诉国应采取一切适当步骤为特别视察提供便利，准予特别视察员以执行其职能所需的特权与豁免，包括为进行特别视察的所有文书和文件不受侵犯，和对一些行动和口头或书面的言词加以逮捕、拘禁和提出法律起诉的权利和豁免。

8.特别视察员应尽快向协商委员会作出书面报告，概述其活动，提供经他们核实的有关事实和情况，适当时提供证据和材料，并作出结论。协商委员会应向南太平洋论坛的所有成员报告，作出自己的判断，说明被申诉国是否违反了它在本条约中承担的义务。

9.如果协商委员会断定被申诉缔约国违反了它在本条约中承担的义务，或以上规定未得到遵守，或在任何时候应申诉国和被申诉国的请求，各缔约国应立即召开南太平洋论坛会议。

南太平洋无核区条约第 1 号议定书

本议定书签署国

注意到《南太平洋无核区条约》（简称《条约》）

兹协议如下：

第一条

每个签署国承诺在南太平洋无核区内其负国际责任的领域，适用第三条、第五条、第六条有关在这些领域制造、安放、试验任何核爆炸装置的禁止性规定，以及第八条第 2 款（3）项和条约附件 2 规定的保障措施。

第二条

每个签署国可书面通知议定书保存人，表明自通知之日起接受由于根据本条约第十一条作出的条约修正案生效。

第三条

本议定书得向法兰西共和国、大不列颠及北爱尔兰联合王国和美利坚合众国开放供签署。

第四条

本议定书须经批准。

第五条

本议定书应自各国向保存人交存批准书之日起对该国生效。

南太平洋无核区条约第 2 号议定书

本议定书签署国

注意到《南太平洋无核区条约》（简称《条约》）

兹协议如下：

第一条

每个签署国承诺，不对下列各方使用或威胁使用任何核爆炸装置：

（1）本条约各缔约国；

（2）第 1 号议定书的缔约国对位于南太平洋无核区范围内负有国际责任的任何领土。

第二条

每个缔约国承诺不得支持本条约及其议定书的签署国所采取的任何违反本条约及其议定书的行为。

第三条

每个签署国可书面通知议定书保存人，表明自通知之日起接受由于根据本条约第十一条作出的条约修正案生效和根据本条约第十二条第 3 款扩大南太平洋无核区而对其按本议定书所承担义务的任何修改。

第四条

本议定书得向法兰西共和国、中华人民共和国、苏维埃社会主义共和国联盟、大不列颠及北爱尔兰联合王国和美利坚合众国开放供签署。

第五条

本议定书须经批准。

第六条

本议定书应自各国向保存人交存批准书之日起对该国生效。

南太平洋无核区条约第 3 号议定书

本议定书签署国

注意到《南太平洋无核区条约》(简称《条约》)

兹协议如下：

第一条

每个签署国承诺不在南太平洋无核区内任何地区试验任何核爆炸装置。

第二条

每个签署国可书面通知保存人，表明自通知之日起接受由于根据本条约第十一条作出的条约修正案生效和根据本条约第十二条第 3 款扩大南太平洋无核区而对其按本议定书所承担义务的任何修改。

第三条

本议定书得向法兰西共和国、中华人民共和国、苏维埃社会主义共和国联盟、大不列颠及北爱尔兰联合王国和美利坚合众国开放供签署。

第四条

本议定书须经批准。

第五条

本议定书应自各国向保存人交存其批准书之日起对该国生效。

1986 年 2 月 7 日联合国船舶登记条件公约 *

本公约缔约国，认识到有必要促进世界航运作为一个整体有秩序地发展，

回顾联大 1980 年 12 月 5 日第 35/56 号决议附件所载的《联合国第三个发展十年国际发展战略》，其中第 128 段要求发展中国家更多地参与国际贸易的世界运输，

还回顾 1958 年《日内瓦公海公约》和 1982 年《联合国海洋法公约》规定船舶与船旗国之间必须存在真正联系，并意识到船旗国有义务根据真正联系原则对悬挂其国旗的船舶有效地行使管辖和控制，

认为船旗国应为此设立适当的海事主管机关，

还认为为了有效地行使其控制职能，船旗国应确保对在该国登记的船舶的管理和经营负责的人的身份能易于识别并使其承担责任，

还认为那些使对船舶负责任的人的身份更易于识别并使其承担责任的措施，能够有助于打击海运欺诈行为，

重申在不妨害本公约的情况下，每个国家应确定给予船舶国籍、船舶在其境内登记和悬挂其国旗的权利的条件，

本着在主权国家之间以相互谅解与合作的精神，解决与给予船舶国籍和船舶登记条件有关的一切争议的愿望，

认为本公约中任何规定均不应被视为妨害本公约缔约国法律和规章中超出本公约所载条款适用范围的任何规定，

认识到联合国系统中各专门机构和其他机构各自章程中规定的权限，同时考虑到联合国同各专门机构之间以及具体专门机构同其他机构之间在特定领域内达成的协议，

兹协议如下：

第一条　宗旨

为了确保，或在可能情况下加强一国与悬挂其国旗的船舶之间的真正关系，并为了在船舶所有人和经营人身份的识别和承担责任方面，以及在

---

*1986 年 3 月 13 日联合国贸易与发展会议文件 TD/RS/CONF/23。

行政、技术、经济和社会事务方面对这些船舶有效地行使管辖和控制，船旗国须适用本公约所载的条款。

第二条 定义

在本公约中：

"船舶"指用于国际海上商务中运输货物、旅客或货物和旅客两者兼有的任何自航式海船，但总登记吨位在 500 吨以下的船舶不在此列；

"船旗国"指船舶悬挂其国旗并有权悬挂其国旗的国家；

"所有人"或"船舶所有人"除另行指明外，系指任何在登记国船舶登记册上登记为船舶所有人的自然人或法人；

"经营人"指所有人或光船承租人，或经正式转让承担所有人或光船承租人的责任的其他任何自然人或法人；

"登记国"指船舶在其船舶登记簿上登记的国家；

"船舶登记簿"指载有本公约第十一条所列事项的官方登记册；

"国家海事主管机关"指由登记国根据其立法设立的国家当局或机关，按照该立法，负责执行有关海上运输的国际协议，并负责适用有关在其管辖和控制下的船舶的规则和标准；

"光船租赁"指在约定的一段时期内租赁船舶的合同；据此，承租人在租赁期间完全占有并控制该船舶，包括有权任命船长和船员；

"劳工提供国"指提供船员在悬挂另一国国旗的船舶上服务的国家。

第三条 适用范围

本公约适用于第二条所定义的所有船舶。

第四条 总则

1. 每个国家，不论是沿海国或内陆国，均有权使悬挂其国旗的船舶在公海上行驶。

2. 船舶具有其有权悬挂的旗帜所属国的国籍。

3. 船舶应仅悬挂一国的旗帜航行。

4. 根据第十一条第 4 款和第 5 款以及第十二条规定，任何船舶均不得同时在两个或两个以上国家的船舶登记簿上登记。

5. 除所有权确实转移或变更登记的情况外，船舶在航程中或在挂靠港内不得更换其旗帜。

第五条　国家海事主管机关

1. 船旗国应设有受其管辖和控制的有法定资格和适当的国家海事主管机关。

2. 船旗国须执行所适用的国际规则和标准，尤其是关于船舶和船上人员的安全及防止海洋环境污染的国际规则和标准。

3. 船旗国海事主管机关须确保：

（1）悬挂该国国旗的船舶遵守其关于船舶登记的法律和规章，以及所适用的国际规则和标准，尤其是关于船舶和船上人员的安全及防止海洋环境污染的国际规则和标准。

（2）由其授权的验船师定期检验悬挂该国国旗的船舶，以确保所适用的国际规则和标准得到遵守。

（3）悬挂该国国旗的船舶在船上备有各种文件，尤其是证明其有权悬挂该国国旗的文件和其他有关的有效证件，包括登记国为缔约国的国际公约所要求的文件。

（4）悬挂船旗国国旗的船舶所有人按照船旗国法律和规章及本公约各项规定，遵守船舶登记的各项原则。

4. 登记国须掌握与悬挂其国旗的船舶有关的、为充分识别身份和确定责任所需的全部有关资料。

第六条　识别身份和确定责任

1. 登记国应在其船舶登记簿中记入，特别是，有关船舶及其所有人的资料。如经营人不是所有人，则应按照船舶登记国的法律和规章将有关经营人的资料列入船舶登记簿或经营人官方记录，存放在登记官员处，或使之易于供登记官员查阅。登记国须颁发证书，作为船舶登记的证明。

2. 登记国须采取必要的措施，确保悬挂其国旗的船舶的所有人、经营人或对该船舶的管理和经营承担责任的其他任何人的身份容易为具有合法权益获取此类资料的人所识别。

3. 船舶登记簿应按照船旗国的法律和规章，供具有合法权益获取其中所载资料的人查阅。

4. 一国须确保悬挂其国旗的船舶携带包括有关船舶所有人、经营人或对船舶经营承担责任的人的身份资料的证件，并向港口国当局提供此类资料。

5. 所有船舶，不论其船名是否有更改，均应记录航海日志，并在最后记载之日后保留一段适当时间，且应按照船旗国的法律和规章供具有合法权益获取此类资料的人查阅和抄录。如船舶被出售且更换登记国，在出售前这段时间的航海日志应予保留，并应按照原船旗国的法律和规章供具有合法权益获取此类资料的人查阅和抄录。

6. 一国须采取必要措施确保在其船舶登记簿上登记的船舶，其所有人或经营人的身份能充分识别，以便使其承担全部责任。

7. 一国应确保悬挂其国旗的船舶的所有人与其政府当局的直接联系不受限制。

第七条 本国国民参与船舶所有权和 / 或船舶的人员配备

关于第八条第 1 款和第 2 款以及第九条第 1 款至第 3 款分别载明的船舶的所有权以及船舶的人员配备的规定，在不妨害本公约任何其他规定适用的情况下，登记国必须遵守第八条第 1 款和第 2 款的规定，或遵守第九条第 1 款至第 3 款的规定，并可同时遵守这两种规定。

第八条 船舶所有权

1. 除须遵守第七条规定外，船旗国须在其法律和规章中，对悬挂其国旗的船舶的所有权作出规定。

2. 除须遵守第七条规定外，船旗国的这种法律和规章须就该国或其国民参与作为悬挂其国旗的船舶的所有人，或此种船舶的所有权，以及此种参与的程度作出适当的规定。这些法律和规章应充分使船旗国能够对悬挂其国旗的船舶有效地行使管辖和控制。

第九条 船舶人员配备

1. 除须遵守第七条规定外，登记国在实施本公约时，应遵守下列原则：悬挂登记国国旗的船舶所配备的高级船员和一般船员中，其本国国民，或在其境内设有住所，或合法永久居住该国的人应占有令人满意的比例。

2. 除须遵守第七条规定外，登记国在实现本条第 1 款规定的目标并为此采取必要的措施时，应考虑下列事项：

（1）登记国境内合格海员的可供情况；

（2）依照登记国法律，有效的并可实施的多边或双边协议，或其他形式的协议；

（3）其船舶完善的和经济上有效的经营。

3. 登记国应在船舶、公司或船队的基础上实施本条第 1 款的规定。

4. 登记国可按照其法律和规章，允许其他国籍的人员，按照本公约有关规定，在悬挂其国旗的船舶上服务。

5. 为实现本条第 1 款规定的目标，登记国应该与船舶所有人合作，促进其国民，或在其境内设有住所，或合法永久居住在该国的人员的教育和培训。

6. 登记国须确保：

（1）悬挂其国旗的船舶所配备的人员具有一定的水平和能力，以保证遵循所适用的国际规则和标准，尤其是有关海上安全的规则和标准；

（2）悬挂其国旗的船舶的船员雇用条款和条件符合所适用的国际规则和标准；

（3）设有适当的法律程序，以解决在悬挂其国旗的船舶上雇用的海员同其雇主之间的民事纠纷；

（4）本国国民和外国海员在其与雇主的关系中，有同等机会诉诸有关法律程序以确保其合同权利。

第十条　船旗国在管理船舶所属公司和船舶方面的作用

1. 登记国须确保，在其船舶登记簿上登记船舶之前，依照其法律或规章在其境内设立船舶所属公司或船舶所属子公司和 / 或在其境内设有该公司的主要营业所。

2. 如果船舶所属公司或船舶所属子公司或其主要营业所不是设在船旗国内，船旗国须确保，在其船舶登记簿上登记船舶之前，有一名身为船旗国国民或在其境内有住所的人担任代表人或管理人。

该代表人或管理人可以是在船旗国境内依照其法律和规章正当定居的自然人或适当成立或注册的法人，并正式得到授权以船舶所有人的名义和为其利益行事。尤其是，该代表或管理人应能参与任何法律诉讼，并依照登记国法律和规章承担船舶所有人的责任。

3. 登记国应确保负责管理和经营悬挂其国旗的船舶的人员能履行经营这种船舶可能引起的财务责任，以承担国际海上运输中通常投保的对第三方造成损害的风险。为此，登记国应确保悬挂其国旗的船舶能随时提供文件证明已安排充分担保，如适当的保险或任何其他类似办法。此外，登记国还应确保已有适当办法，如海事优先权、互助基金、工资保险、社会保障体制或承担责任者（不论其为所有人或经营人）所属国的适当机构提供的任何政府担保，以偿付悬挂其国旗船舶上雇主拖欠所雇船员的工资和有关费用。登记国也可为此在其法律和规章中规定任何其他适当办法。

第十一条　船舶登记簿

1. 登记国须为悬挂其国旗的船舶设置登记簿。登记簿应按该国的决定和符合本公约有关规定的方法进行保管。按照一国法律和规章有权悬挂其国旗的船舶应以所有人的名义在该登记簿上登记，或依照该国法律和规章规定，以光船承租人的名义登记。

2. 这种登记簿须特别载明下列资料：

（1）船舶名称和以前如果有的名称及船籍；

（2）船舶登记地点或港口，或者船籍港以及该船官方登记号码或识别标志；

（3）指定的船舶国际呼号；

（4）船舶建造厂名称、建造地点和建造年份；

（5）船舶的主要技术性能数据；

（6）所有人的姓名、地址，并视情况载明船舶所有人或每一所有人的国籍。

此外，除非在船旗国登记官随时可查阅的其他公开文件已有记录，否则还须载明：

（7）船舶以前的登记注销或中止的日期；

（8）如国家法律和规章允许光船租进的船舶登记，则载明光船承租人的姓名、地址，并视情况载明其国籍；

（9）任何抵押或国家法律和规章规定的船舶的其他类似债务的情况。

3. 此外，这种登记簿还应载明：

（1）如果有一个以上的所有人，每个所有人拥有的船舶所有权份额；

（2）如经营人不是所有人或光船承租人，载明经营人的名称、地址，并视情况载明其国籍。

4. 一国在其船舶登记簿上登记船舶之前，应确保该船以前如有的登记已经注销。

5.如果船舶系光船租进,一国应确保其悬挂前船旗国国旗的权利已中止。进行此种登记须凭出示证据,表明船舶前船旗国国籍的登记已中止,并表明登记的任何债务的情况。

第十二条　光船租赁

1.一国可根据第十一条的规定并按照其法律和规章,准许本国的承租人以光船租进的船舶在租赁期内进行登记并享有悬挂其国旗的权利。

2.本公约缔约国内的船舶所有人或承租人从事光船租赁活动时,应完全遵守本公约所载的登记条件。

3.当船舶系光船租进时,为了确保本公约规定得到遵守,并为了适用本公约的规定,承租人将视为所有人。但除光船租赁合同中规定的所有权之外,本公约不具有规定租用的船舶的任何所有权的效力。

4.一国应按照本条第 1 款至第 3 款确保以光船租进并悬挂其国旗的船舶完全受其管辖和控制。

5.以光船租进的船舶的登记国须确保前船旗国被告知以光船租进的船舶的登记已注销。

6.除本条规定者外,有关光船租赁关系的一切条款与条件均由有关各方以合同方式处理。

第十三条　合营企业

1.本公约缔约国应根据其本国政策、法律和本公约所载的船舶登记条件,促进不同国家的船舶所有人之间的合营企业,并应为此作出适当安排,尤其是包括通过保障合营企业各当事方的合同权利,促进此类合营企业的建立,以发展本国航运业。

2.应邀请地区性和国际金融机构和援助机构视情况协助发展中国家,特别是其中最不发达国家建立和 / 或加强航运业中的合营企业。

第十四条　保护劳工提供国利益的措施

1.为了保护劳工提供国的利益和减少这些国家,特别是发展中国家内因本公约的实施而出现的劳工转移及随之可能引起的经济混乱,应立即实施本公约所附决议 1 中载明的措施。

2.为创造有利于船舶所有人或经营人同海员工会或其他代表海员的机构订立任何合同或协议的条件,船旗国和劳工提供国之间可就劳工提供国海员的雇佣问题达成双边协议。

第十五条　减少不利经济影响的措施

为了减少随着修改和实施各种条件以达到本公约规定的要求而在发展中国家内可能产生的不利经济影响，应立即实施本公约所附决议 2 中载明的措施。

第十六条　保管人

联合国秘书长为本公约保管人。

第十七条　执行

1. 各缔约国须采取必要的立法或其他措施以执行本公约。

2. 每一缔约国须在适当时间将为执行本公约而采取的立法或其他措施的文本送交保管人。

3. 保管人须将根据本条第 2 款送交给他的立法或其他措施的文本转交给提出要求的缔约国。

第十八条　签字、批准、接受、核准和加入

1. 所有国家均有权通过下列方式成为本公约的缔约国：

（1）签字而无须再批准、接受或核准；或

（2）签字而有待批准、接受或核准，随后再予批准、接受或核准；或

（3）加入。

2. 本公约从 1986 年 5 月 1 日至 1987 年 4 月 30 日（含 1987 年 4 月 30 日）在纽约联合国总部开放供签字，其后继续开放供加入。

3. 批准书、接受书、核准书或加入书应交存保管人。

第十九条　生效

1. 本公约在合计吨位至少达世界总吨位百分之二十五的不少于 40 个国家根据第十八条成为缔约国之日起 12 个月之后生效。在本条中，吨位是指本公约附件 3 中所载的吨位。

2. 对于本条第 1 款所规定生效条件满足后成为本公约缔约国的每个国家，本公约自该国成为缔约国 12 个月后对其生效。

第二十条　审查和修正

1. 在本公约生效之日起 8 年届满之后，缔约国可以通过致函联合国秘书长，提出对本公约的具体修正案，并要求召开审查会议审议所提出的修正案。

秘书长须将此种函件散发给所有缔约国。如果在散发函件之日起 12 个月以内有不少于五分之二的缔约国作出同意此要求的答复，秘书长须召集审查会议。

2. 联合国秘书长须在审查会议召开日期之前至少 6 个月将任何有关修正案的提案文本或有关修正案的意见，散发给所有缔约国。

第二十一条　修正案的生效

1. 审查会议有关修正案的决定须以协商一致的方式作出，或应要求由出席并参加表决的缔约国三分之二多数作出。此种审查会议通过的修正案由联合国秘书长送交所有缔约国批准、接受或核准，并送交公约所有签字国参考。

2. 对审查会议所通过的修正案的批准、接受或核准，应向保管人交存相应的正式文件。

3. 审查会议所通过的修正案在其获得三分之二缔约国批准、接受或核准之日起满一年后第一个月第一天，只对那些已批准、接受或核准该修正案的缔约国生效。对于在修正案已获得三分之二缔约国批准、接受或核准之后才批准、接受或核准该修正案的国家，修正案在该国批准、接受或核准之日起满一年以后生效。

4. 在一项修正案生效之后成为本公约缔约国的任何国家，如不表明不同的意向，则：

（1）视为修正后的本公约的缔约国。

（2）在与不受该修正案约束的本公约任何缔约国的关系上，视为未经修正的本公约的缔约国。

第二十二条　退出

1. 任何缔约国均可在任何时间书面通知保管人退出本公约。

2. 此种退出应于保管人收到通知之日后一年届满时生效，除非通知中载明了更长的期限。

下列署名者，经正式授权，于下列日期签署本公约，以昭信守。

1986 年 2 月 7 日订于日内瓦，正本一份，用阿拉伯文、中文、英文、法文、俄文和西班牙文写成，各种文本具有同等效力。

附件 1

第 1 号决议
保护劳工提供国利益的措施

联合国船舶登记条件会议，通过了《联合国船舶登记条件公约》，兹建议如下：

1. 劳工提供国应调整受其管辖的、为悬挂另一国国旗的船舶提供海员的机构的活动，以确保这些机构提出的合同条款能防止弊端，增进海员福利。为保护本国海员，劳工提供国可要求雇佣本国海员的船舶的所有人或经营人或其他有关机构提供，特别是，第十条所述形式的适当担保；

2. 提供劳工的发展中国家可相互磋商，尽可能按照这些原则协调其有关提供劳工条件的政策，并可在必要时，协调这方面的立法；

3. 联合国贸易与发展会议、联合国开发计划署及其他有关国际机构应按请求，在考虑本公约情况下，协助提供劳工的发展中国家制定适当的船舶登记法律，吸引船舶在这些国家登记；

4. 国际劳工组织应按请求，协助劳工提供国采取措施，以减少劳工提供国内因本公约的通过而可能出现的劳工转移及随之引起的经济混乱；

5. 联合国系统内的有关国际组织应按请求，协助劳工提供国教育和培训其海员，包括提供培训设施和设备。

附件 2

第 2 号决议
减少不利经济影响的措施

联合国船舶登记条件会议，通过了联合国船舶登记条件公约，兹建议如下：

1. 联合国贸易和发展会议、联合国开发计划署、国际海事组织和其他有关国际机构应按要求，向可能受本公约影响的国家提供技术和资金援助，以便依照本公约的规定为发展这些国家的船队制定和实施当代的和有效的法律；

2. 国际劳工组织和其他有关国际组织也应按要求协助这些国家编制和实施必要的海员教育和培训方案；

3. 联合国开发计划署、世界银行和其他有关国际组织应按要求向这些国家为实施国家发展的备选计划、方案和项目，提供技术和资金援助，以克服由于本公约的通过可能引起的经济混乱。

附件 3

1985 年 7 月 1 日世界船舶总注册吨位为 500 吨及以上的商船

	总注册吨位
阿尔巴尼亚	52698
阿尔及利亚	1332863
安哥拉	71581
阿根廷	2227252
澳大利亚	1877560
奥地利	134225
巴哈马	3852385
巴林岛	26646
孟加拉国	300151
巴巴多斯	4034
比利时	2247571
贝宁	2999
玻利维亚	14913
巴西	5935899
保加利亚	1191419
缅甸	94380

	总注册吨位
喀麦隆	67057
加拿大	841048
佛得角	8765
智利	371468
中国	10167450
哥伦比亚	357668
科摩罗	649
哥斯达黎加	12616
科特迪瓦	124706
古巴	784664
塞浦路斯	8134083
捷克斯洛伐克	184299
民主柬埔寨	998
民主也门	4229
丹麦	4677360
吉布提	2066
多米尼加岛	500
多米尼加共和国	35667
厄瓜多尔	417372
埃及	835995
赤道几内亚	6412
埃塞俄比亚	54499
法罗群岛	39333
斐济	20145
芬兰	1894485
法国	7864931
加蓬	92687

续　表

	总注册吨位
冈比亚	1597
德意志民主共和国	1235840
德意志联邦共和国	5717767
加纳	99637
希腊	30751092
危地马拉	15569
几内亚	598
圭亚那	3888
洪都拉斯	301786
冰岛	77182
印度	69460
印度尼西亚	6324145
伊朗（伊斯兰共和国）	2172401
伊拉克	882715
爱尔兰	161304
以色列	2172401
意大利	8530108
牙买加	7473
日本	37189376
约旦	47628
肯尼亚	1168
基里巴斯	1480
朝鲜民主主义人民共和国	470592
大韩民国	6621898
科威特	2311813
黎巴嫩	461525
利比里亚	57985747

续 表

	总注册吨位
阿拉伯利比亚民众国	832450
马达加斯加	63115
马来西亚	1708599
马尔代夫	125958
马尔他	1836948
毛里塔尼亚	1581
毛里求斯	32968
墨西哥	1282048
摩纳哥	3268
摩洛哥	377702
莫桑比克	17013
瑙鲁岛	64829
荷兰	3628871
新西兰	266285
尼加拉瓜	15869
尼日利亚	396525
挪威	14567326
阿曼	10939
巴基斯坦	429973
巴拿马	39366187
巴布亚新几内亚	10671
巴拉圭	38440
秘鲁	640968
菲律宾	4462291
波兰	2966534
葡萄牙	1280065
卡塔尔	339725

续　表

	总注册吨位
罗马尼亚	2769937
圣文森特和格林纳丁斯	220490
萨摩亚	25644
沙特阿拉伯	2868689
塞内加尔	19426
新加坡	6385919
所罗门群岛	1018
索马里	22802
南非	501386
西班牙	5650470
斯里兰卡	617628
苏丹	92700
苏里南	11181
瑞典	2951227
瑞士	341972
阿拉伯叙利亚共和国	40506
泰国	550585
多哥	52677
汤加	13381
特立尼达和多巴哥	9370
突尼斯	274170
土耳其	3532350
乌干达	3394
苏维埃社会主义共和国联盟	16767526
阿拉伯联合酋长国	805318
大不列颠及北爱尔兰联合王国	13260290
百慕大群岛	969081

	总注册吨位
英属维尔京群岛	1939
开曼群岛	313755
直布罗陀海峡	568247
中国香港	6820100
蒙特色拉特岛	711
圣赫勒拿	3150
特克斯和凯科斯群岛	513
坦桑尼亚联合共和国	43471
总计	21937786
美利坚合众国	13922244
乌拉圭	144907
瓦努阿图	132979
委内瑞拉	900305
越南	277486
南斯拉夫	2648415
扎伊尔	70127
未分配的	4201669
世界总计	383533382

来源：以劳埃德船舶信息系统（伦敦）提供的数据为基础编制而成。

备注：

（1）船的型号包括：

油轮；

化工船；

杂船（贸易）；

液化气船；

散装货船；

矿砂船；

普通货船；

集装箱运货船（满载船和载驳船）；

车辆运载船；

渡船和客船；

牲畜运输船。

（2）不包括美利坚合众国后备舰队及美国和加拿大大湖舰队。

山东省版权局著作权合同登记号：图字 15-2018-68

图书在版编目（CIP）数据

海上边界国家实践发展现状 . I / 张海文 , 张桂红 , 黄影主编 ; 敖梦 , 王居乔译 .
— 青岛 : 青岛出版社 ,2018.9
（世界海洋法译丛）
ISBN 978-7-5552-7008-9

Ⅰ . ①海… Ⅱ . ①张… ②张… ③黄… ④敖… ⑤王… Ⅲ . ①海洋法 – 案例 – 汇编 – 中国
Ⅳ . ① D993.5

中国版本图书馆 CIP 数据核字（2018）第 110186 号

书　　　名	世界海洋法译丛·海上边界国家实践发展现状 I
主　　　编	张海文　张桂红　黄　影
出 版 人	孟鸣飞
出版发行	青岛出版社
社　　　址	青岛市海尔路 182 号（266061）
本社网址	http://www.qdpub.com
责任编辑	宋来鹏
封面设计	张　晓
照　　　排	青岛双星华信印刷有限公司
印　　　刷	青岛国彩印刷有限公司
出版日期	2018 年 9 月第 1 版　2018 年 9 月第 1 次印刷
开　　　本	16 开（710mm×1000mm）
印　　　张	14.25
字　　　数	250 千
书　　　号	ISBN 978-7-5552-7008-9
定　　　价	180.00 元

编校印装质量、盗版监督服务电话　4006532017　0532-68068638

I